Die Rauschdrogen der Hexen und ihre Wirkungen

von Dr. Wilfried Weustenfeld

Angaben zur Person:

Dr. Weustenfeld ist Autor verschiedener Pflanzenbücher über Heilkraft, Kult und Mythos von Bäumen, Sträuchern und Kräutern.

Covergestaltung durch J.A. Davis - Alle Farbbilder im Innenteil von Dr. Weustenfeld - Die Abbildung von Seite 28 „Hexen" von Hans Baldung, gen. Grien Holzschnitt, um 1510 (und im Hintergrund des Covers).

Gesamtherstellung: Bohmeier Verlag. Printed in Germany

ISBN 3-89094-306-3

Die Rauschdrogen der Hexen und ihre Wirkungen

von Dr. Wilfried Weustenfeld

Inhaltsverzeichnis

Inhaltsverzeichnis

Vorwort an die geneigten Leser(innen)

Der Hexenritt des Mittelalters und der Zeit der Renaissance fand, wie wir heute annehmen können, bei vielen unbekannten „Kräuterweiblein“ im Drogenrausch statt; dabei spielten bewußtseinsverändernde Extrakte der giftigen Nachtschattengewächse Bilsenkraut und Tollkirsche, später auch des Stechapfels und wohl auch der Alraune (Mandragora) eine entscheidende Rolle. Hinzu kamen Bestandteile der als giftiger einzuschätzenden Pflanzen Eisenhut, Schierling und Taumellolch. Durch die Aufnahme solcher narkotisch und halluzinogen wirkenden Stoffe in Salbenform über die Haut (Schleimhaut) gelang möglicherweise eine feinere Dosierung und behutsamere Verteilung im Körper; dadurch wurden jedoch Vergiftungen, auch mit tödlichem Ausgang, grundsätzlich nicht ausgeschlossen; der genannte Eisenhut etwa ist derart giftig, daß es schon bei bloßer Berührung der Pflanze mit der ungeschützten Haut zu Schädigungen kommen kann. Die uns zumeist von den Universalgelehrten und Dämonologen jener Zeit überlieferten Rezepturen geben in der Regel keine Mengenverhältnisse an - ein Umstand, der einer exakten Nachprüfung im Wege steht; es kommt hinzu, daß spätere Selbstversuche experimentierfreudiger Wissenschaftler, welche die überlieferten Mixturen nachfertigten und ausprobierten, nicht in allen Fällen problemlos ausgegangen sind. All das mag denjenigen, die dieses Buch in Händen halten, Anlaß genug sein, das Risiko eigener ‚Trips’ ins Land des Unbekannten richtig einzuschätzen und nicht Geister zu rufen, die man - wie bei Goethes „Zauberlehrling“ - später vielleicht nicht wieder loswerden könnte.

Von Seherinnen und weisen Frauen zu Nachtfahren und Hexen

Wenn ihr`s nicht fühlt - ihr werdet`s nicht erjagen.

(Goethe, Faust I. Nacht)

Die Frau, die dem Mann auf Grund ihrer Statur an Körperkraft und kämpferischer Stärke nachstand, neigte entwicklungsgeschichtlich schon in der Frühzeit dazu, diesen „Mangel" durch Beherrschung virtueller Kräfte, wie sie Mantik und Magie boten, auszugleichen, zumal eine solche Hinwendung der weiblichen Psyche eher entgegenkam. Frauen sind es daher zumeist, die uns als Seherinnen und alte Weise, als Sibyllen und Prophetinnen, als Priesterinnen, Zauberinnen und Kräuterkundige entgegentreten, ausgestattet mit dem „6. Sinn", die unsichtbaren Kraftquellen, des Lebens aufzuschließen, Schicksale zu offenbaren und Brücken zu schlagen zu Heilkunst, Wetterkunde oder Erdfruchtbarkeit. So war es Pythia, die weissagende Priesterin des Gottes Apollon in Delphi, die in feierlichem Ornat den heiligen Dreifuß im Tempel bestieg und im Zustand der Verzückung, der sich durch Schäumen des Mundes und krampfhafte Zuckungen des Körpers ankündigte, das Orakel verkündete[1]. Oder die berühmte 700jährige Sibylle zu Cumae bei Neapel, die Äneas - den Urvater der Römer - beschied; sie hauste in einer Grotte, welche noch heute gezeigt wird; aus ihren 100 Ein- und Ausgängen hallten 100fach die Worte der Prophetin wieder.

Von den Germanen berichtet Tacitus[2], daß unsere Vorfahren der Frau Heiligkeit und prophetische Gaben zuerkannten; man hörte auf ihr Wort und achtete ihren Rat. Besonders die germanische Seherin Veleda sei weit und breit als göttliches Wesen verehrt worden; auch Albruna und andere Frauen hätten in höchstem Ansehen gestanden. Bei Veleda handelte es sich um eine Germanin aus dem Volk der Brukterer, die - um 70 n. Chr.- in einem Turm an der Lippe lebte; eine andere Seherin soll den Eroberungszug des Römers Drusus (12-9 v.Chr.) gegen die Friesen an der Elbe gestoppt und ihm das Ende verkündet haben; auf seinem Rückzug stürzte er vom Pferd und starb. Zu erwähnen ist auch Völva, die allkundige Seherin in der Edda, welche im Anfangsgedicht (Völuspa) Gott Odin die Zukunft deutet, den Untergang der Götter- und Menschenwelt prophezeit und eine neue Weltentstehung ankündigt[3]. Auch die Kelten kannten Priesterinnen (Druidinnen) mit seherischer Begabung, die auch Sterne besänftigen und ihr Aussehen verändern konnten; bekannt sind Morgan und ihre 9 Schwestern auf der mythischen Insel Avalon; sie verfügten über Zaubermittel, mit deren Hilfe selbst tödliche Verwundungen wie die des Königs Artus geheilt werden konnten.

---

[1] FÜHNER, S. 289

[2] TACITUS: De origine et situ Germanorum, Cap. 8 (98 n.Chr:)

[3] EDDA, S. 26ff.

Wie die Männer bei unseren Vorfahren durch ihre Ruhmestaten glänzten, so die Frauen durch ihre Weisheit[4], Die „wisiu wip“, die weisen Frauen oder „alten Weisen“, führten die Tradition von Völva und Veleda, Albruna und Aurinia, Ganna und Hyndla, Vala und Gydja fort; sie begegnen uns noch heute im Märchen und stellen eine archetypische Situation des Menschen dar[5]. Sie wissen Rat in schwieriger Lage, warnen vor Gefahren und lenken unser Schicksal; sie sind mit der Initiationsweihe der Frau vertraut und helfen kundig bei Geburten; ihre Kenntnisse über heilende und giftige Kräuter läßt sie Schmerzen lindern oder erregende Rauschzustände schaffen; prophetische Gabe und Zugang zur Magie lassen ihre Kräfte wachsen und erhöhen ihre Bedeutung in der Allgemeinheit.

Den Übergang zu den nachtfahrenden Frauen, die wiederum als Vorgänger der Hexen bezeichnet werden können, bildet die weise Frau Holle[6]. Aus dem Märchen bekannt, wirkt sie als gute Fee, welche Hilfsbereitschaft und Fleiß belohnt; nach ihrer „Taufe“ durch das nachrückende Christentum wird sie, als „Holda“ oder Holdselige, in die Nähe Marias gestellt. Doch entstammt sie ursprünglich dem fliegenden Seelenheer, das - besonders in den Rauchnächten[7] - dämonisch durch die Lüfte fegt und Tote und Ungetaufte mit sich reißt. Sie ist also eine Nachtfahre (Nachtfrau); solche Frauen (nahtvaren, varende vrouwen) schwingen sich, unter dem Kommando bestimmter heidnischer Göttinnen (Diana, Herodias, Hekate u.a.), nachts in die Lüfte, um an Liebesabenteuern und Gelagen teilzunehmen; unter einer „holden“ Anführerin wie Frau Holda oder Frau Perchta wirken sie Gutes, müssen aber auch oft durch Opfergaben gnädig gestimmt werden; daneben gibt es aber auch die „unholden“ Strigen (striga, von strix „Eule“), die sich, nach antikem Vorbild (striga, lamia), in die Lüfte heben, um Kindern das Blut auszusaugen und auf den nächtlichen Gelagen Menschenfleisch zu verzehren[8]. Diese Strigen unter dem Geleit von Diana oder anderen Dämonen unterscheiden sich von den späteren luftfahrenden Hexen dadurch, daß sie nicht zum Sabbat fliegen, vor allem aber nicht Christus verleugnen, keine Unzucht mit dem Teufel treiben, keinen Teufelspakt schließen und letztlich auch keine Malefizien (Übeltaten Dritten gegenüber) begehen (wenn man einmal von dem Kindermord absieht)[9]. Der Gebrauch von Flugsalben, d.h., wie sich noch zeigen wird, von bewußtseinsverändernden Drogen mit narkotischer Wirkung ist nach den Quellen beiden Gruppen gemeinsam, zumal die Inquisitionsrichter dazu neigten, fehlende Tatbestandsmerkmale zugunsten der Annahme eines Hexenflugs einfach zu unterstellen[10].

Genoß die Frau nach altgermanischer Auffassung eine besondere Wertschätzung wegen Ihrer Heiligkeit - noch die höfische Minne dichtete: „Eret got und diu wip!“-, in-

---

[4] GRIMM/STROBL, S. 238

[5] RIEDEL, S. 107ff

[6] In Süddeutschland auch: Frau Perchta genannt, vgl. Berchtesgaden „Garten der Perchta“

[7] Rauhnächten, Zwölfnächten, (zwischen Weihnachten und dem 6. Januar).

[8] HANSEN, S. 16

[9] HANSEN, S. 457

[10] DUERR, S. 28f, 248f

dem sie als Trägerin oder Mittlerin der göttlichen Kraft im Menschen galt[11], so sank ihr Ansehen mit der fortschreitenden Christianisierung durch den Einfluß leibfeindlicher Tendenzen in der Kirche, die besonders gegen die Frau als „Mutter der Sünde" gerichtet waren, fast auf den Nullpunkt. Die Frau gilt nun als minderwertig, ist sie doch erst nach dem Manne erschaffen worden[12] und unterlag doch sie - und nicht der Mann - der ersten Verführung[13]. Als die germanischen Götter von der neuen Religion zu Dämonen und Teufeln degradiert waren und die alte Götterverehrung zum Teufelsdienst abgestempelt wurde, konnte die germanische Frau nicht heilig bleiben: sie wurde zur vom Teufel besessenen Hexe und der heilige Hain zum Hexentanzplatz. Dies galt auch für eine Eigenschaft, die von altersher gerade bei den Frauen ausgeprägt war: die natürliche und kultische Kenntnis der Heilmittel gegen Krankheiten, Seuchen und Nöte aller Art. Das ihnen eigene Ahnen oder Wissen um die Vorgänge der Menstruation und Empfängnis, Schwangerschaft und Geburt sonderte sie vom Manne ab und machte sie zu „Eingeweihten"; dies bestimmte die Frau zugleich zu einer berufenen Heilerin und Ärztin, welche über die natürlichen Kräfte in den Kräutern Bescheid weiß[14]. Die mit der Christianisierung einhergehende allgemeine Umwertung in der Einstellung zur Frau führte nun dazu, daß aus heilkundigen Priesterinnen und weisen Frauen „Kräuterhexen" wurden, deren einst „heilgewandte Hand" nur noch zum Kräutersammeln taugte. Doch entgegen allen Verteufelungsbestrebungen der Kirche und der Konkurrenz der jetzt vermehrt auftretenden männlichen Ärzte blieb das Volk bei seinem (heidnischen) Glauben an die Heil- und Zaubermacht der Frauen, die das alte Gewerbe des Beschwörens und Wunderbesprechens - „raten und böten" (büßen, bessern) genannt[15] - noch beherrschten und daher Hilfe boten bei Pest und Viehseuchen, Liebesnöten und Ernteausfällen, Unfruchtbarkeit oder Schwangerschaftsbeschwerden. Diese Nähe zur Natur durch Kenntnis der Kräuter und Gewächse, deren Kräfte durch Verwendung der richtigen Beschwörungsformeln noch verstärkt werden können, macht sie auf der einen Seite der Kirche als heidnische Zauberinnen verdächtig; auf der anderen Seite bringt sie ihnen schon früh auch mit Giftpflanzen Erfahrungen ein[16]. Während die Hexenrichter der Inquisition allein den Hexenflug zum Sabbat als entscheidendes Tatbestandsmerkmal evozierten, der - nach antiken Vorbildern - mit Hilfe von Tieren (z.B. Geißbock[17]), aber auch von mit Salbe

---

[11] HDA, Bd. 2, Sp. 1733ff

[12] 1. Korinther 11,8: „Denn der Mann stammt nicht von der Frau, sondern die Frau vom Manne".

[13] 1. Timothius 2,14: „... und nicht Adam wurde verführt, sondern die Frau ließ sich verführen und übertrat das Gebot".

[14] So heißt es im „Tristan" Gottfrieds von Straßburg: „Isôt, diu ... erkennet maneger hande wurze und alle kriute kraft und arzâtlîche meisterschaft."

[15] UNGER, S. 54

[16] Kräuterzauberinnen hießen amtlich: herbariae; das Beschwören und Besprechen beim Kräutersammeln wurde von der Kirche mit strengen Strafen belegt. Vgl. Hansen, S. 46ff

[17] Man beachte, daß der Ziegenbock das traditionelle Tier des Teufels ist. Dies bezieht sich auf eine ursprünglich rein astrologische Zuordnung: Wenn die Sonne ihren Tiefstand erreichte (Wintersonnenwende), versank diese in den Abgrund hinter dem Horizont. Sie trat dann in das Sternzeichen Capricornus (ursprüngl. Ziege) ein. Der Gott Pan, der ägyptische Seth und der Teufel sind identische Konzeptionen, die aus der Verbindung zwischen Dunkelheit, Unterwelt und Tod geboren wurden. (Vgl. auch „Wiederbelebung der Magick" von Kenneth Grant, Verlag Rita Ruther, Berlin 1997, S. 65 ff.)

bestrichenen Besenstielen und Gersteln (Backofenschieber) u.a. stattfinden sollte, salbten sich die „Hexen“ insgeheim selbst, weil sie um die halluzinogene Wirkung der Giftdrogen wußten und sich so Rauschbilder vermittelten, die sie für kurze Zeit den grauen Alltag vergessen ließen. Daß dies nur auf den geringsten Teil der Frauen aus dem gewaltigen Heer der unschuldig in den Hexenprozessen Angeklagten zutraf und daß sich deren Visionen keineswegs mit den amtlichen Klischeevorstellungen, die zu beichten waren, decken mußten, sondern auf die jeweilige Alltagssituation der „Hexe“ abgestimmt waren und mit ihren ungelösten Wunschvorstellungen korrespondierten, versteht sich am Rande und wird durch die wenigen überlieferten Zeitzeugnisse bestätigt. Daher gibt es kein Rezept für eine „Einheitssalbe“, die für jeden, der sich damit einschmiert, denselben Film bereithält, also gleiche Illusionen vermittelt, denn keine Droge vermag einem Menschen etwas zu geben, das nicht bereits latent in ihm vorhanden ist[18] und kein Mensch ist gleich einem anderen. Daher führen auch die Rauschbilder der modernen Experimentatoren, wie wir sehen werden - wie etwa Peuckert bei rückschauender Betrachtung seiner Selbstversuche von 1927 einräumt - nicht den Hexentanzplatz früherer Epochen vor, sondern nur vergleichbare Visionen, gemäß den Vorstellungen heutiger Menschen im Rahmen „ihrer“ Zeit.

[18] SCHMIDBAUER/SCHEIDT, S. 404

Das Hexenklischee der Verfolgungsepoche - Luftfahrt, Sabbat und Übeltaten der Hexen

Die Zeiten der Vergangenheit
Sind uns ein Buch mit sieben Siegeln.
Was ihr den Geist der Zeiten heißt,
Das ist im Grund der Herren eig`ner Geist,
In dem die Zeiten sich bespiegeln.

(Goethe, Faust I. Nacht)

Allen Menschen, über Hautfarbe und Rasse hinweg, sind gewisse existenzielle Bedürfnisse gemeinsam, die sich aus der Menschennatur ergeben und die auf den Erhalt ihrer vitalen Interessen zielen. Dazu gehört der Überlebenstrieb, das Verlangen, Hunger und Durst zu stillen, die Bereitschaft zur Fortpflanzung sowie auch das grundlegende Bedürfnis, mit der Urangst fertig zu werden und für den Sinn des Lebens und die Zukunft nach dem Tode Erklärungen zu suchen. Hier halfen dem Mensch seit frühesten Zeiten Religion und Magie: Religion, weil sie ihm Aufklärung über die vielen Rätsel der Natur und Schutz vor den übernatürlichen Einwirkungen versprach, und Magie, weil er mit ihrer Hilfe den Willen der Gottheit im voraus zu erkennen und gegebenenfalls in einem für ihn günstigen Sinne steuern zu können glaubte. Auch die Krankheiten gehörten in diesen Bereich: da man ihre natürlichen Ursachen nicht kannte, mußten sie übernatürlichen Ursprungs sein und daher auch mit magischen Mitteln bekämpft werden können. So nimmt es nicht wunder, daß beide Funktionen ursprünglich vereint waren: die Priestermagier der altiranischen und zoroastrischen Religion waren die Hüter der heiligen Geheimnisse, und noch Griechen und Römer vernahmen die Stimmen der Götter in den heiligen Hainen und erfuhren die Zukunft durch die Befragung des Orakels.

Als das Christentum die alten Religionen ablöste, setzte es nicht auch zugleich die alten Götter ab, sondern ließ sie, nur auf einer niedrigen Rangebene, als Dämonen fortbestehen und zaubermächtig sein; sie teilten sich den Luftraum über der Erde mit den vielen gefallenen Engeln und Lucifer an deren Spitze und waren bereit, dem Menschen, der sie anrief, zu dienen und solche Dinge zu gewähren, die er sich vom Himmel nie erbeten hätte (und die ihm Gott auch sicher nicht gewährt haben würde). Zwar gab es auch eine „himmlische Magie„ im Rahmen der Kirche; die vielen biblischen Wunder, die Heiligenlegenden oder die drei Weisen (=Magier) aus dem Morgenlande reden davon. Dies war aber die sog. weiße (=segenbringende) Magie, die streng von der durch Anrufung der Dämonen ausgelösten schwarzen (=schadenstiftenden) Magie zu unterscheiden war. Die Kirche ging davon aus, daß der Mensch mit Hilfe der von ihm dazu angerufenen Dämonen (und hierzu gehörte auch der seit dem Konzil von Toledo 447 als das personifizierte Böse anerkannte Teufel) handeln und schädigen (zaubern) könne - eine Voraussetzung für das Tätigwerden der Hexen - daß aber eine solche Kontaktaufnahme zu den Dämonen Sünde sei und schwer geahndet werden müsse; alle Schädigungen, die von Zauberern und Hexen bei anderen Menschen verursacht worden waren, mußten Teufelswerk sein, denn kein lebender Mensch auf Erden konnte fähig sein, göttliche Kräfte in seinem Sinne zu mobilisieren. Damit war klar, daß die Hexen bei der Ausübung Ihrer Malefizien (Schädigungen Dritter) vom Teufel gesteuert waren.

Welches Verhaltensmuster lag nun den Tätigkeiten der Hexe, etwa ab dem 15. Jahrhundert, zugrunde, und was lastete man ihnen, in übereinstimmendem Urteil·von Kirche und Staat, eigentlich an? Im Mittelpunkt stand die von Schriftstellern und bildenden Künstlern wiederholt dargestellte Orgie auf dem Hexensabbat, einem nächtlichen Fest, das in Deutschland in der Regel auf dem Blocksberg (besonders in der Walpurgisnacht zum 1. Mai), bei Paracelsus auf dem Höwberg - den Männern steht auch der Venusberg offen! - und in den anderen Ländern der Hexenverfolgungen auf anderen lokalen Bergen stattfindet.[19] Der zeitgenössische Schriftsteller und Dämonologe Johannes Prätorius (1630-1680) hat in seinem Werk „Blocks-Berges Verrichtung" (1668), das u.a. Goethe bei der Gestaltung seiner Walpurgisnacht im FAUST, 1.Teil, als Vorlage diente, eine Sabbat-Orgie wie folgt bedichtet:

„Sieh wie die teufflisch Hexen-Rott,
nachdem sie hat verläugnet GOTT
gantz schrecklich bey nächtlicher Zeit
suchet hie eine elende Freud,
bald auf ein Berg bald in ein Thal,
In öden Oertern überal,
da ihn der Teuffel samt den seinen
so schrecklich scheußlich thut erscheinen,
daß man sich billich fürchten sollt
und solchem Spiel werden abhold.
Seind ihr doch viel, ja gantze Scharen,
so ungestüm zusammen fahren,
etlich auff Gabeln in der Lufft,
fahren über hohe Berge und Klufft,
andre kommen daher auff Drachen,
etlich auff Bock sich reitend machen.
Ein die Ander Lockt herbei,
da man sie lehrt die Zauberey.
Diese lehrt das Gifftbereiten,
ein andere viel Zeichen deuten,
etliche bringen zu die Nacht
mit fressen, sauffen über Macht.
Ja andere seyn gar so verrucht,
Treiben mit dem Teuffel Unzucht.
Die übrigen sind bey dem Reyen (Reigen)
und sich mit Tantzen thun erfreuen.

---

[19] Andere luftige Treffunkte: siehe BIEDERMANN, S. 60ff. So auch im Sauerland (Westf.) auf dem „Kahlen Asten" (Hexenprotokoll des Gerichts Oberkirchen von 1630)

Bey ihnen auch stetig auffahrt
scheußlicher Thier mancherley Art,
als Katzen, Schlangen, Kröten und Eul,
so machen ein schrecklich geheul.
Solchs ist ihr Lust, biß sie nach Jahren
zur Höllen mit dem Teuffel fahren.“

Entscheidend aber ist, daß die Hexen dabei nach allgemeiner Ansicht auf schadenstiftendes Unheil - die Malefizien - sinnen, wie es das grundlegende Handbuch der Hexenverfolgung, der von den Ketzerrichtern Institorius (eigentlich: Kramer) und Sprenger 1487 vorgelegte Hexenhammer (Malleus Maleficarum)[20], der als Erläuterung zu einer entsprechenden Bulle des Papstes Innocenz VIII. diente, schwerpunktmäßig beschrieb[21]:

„ ... sie nämlich schicken Hagelschlag, böse Stürme und Gewitter, verursachen Unfruchtbarkeit an Menschen und Tieren und bringen auch die Kinder, die sie nicht verschlingen, den Dämonen dar, wie oben steht, oder töten sie sonst. Doch dies trifft nur die Kinder, die nicht durch das Naß der Taufe wiedergeboren sind; wenn sie jedoch, wie sich zeigen wird, auch wiedergeborene verschlingen, dann geschieht dies nur mit Zulassung Gottes. Sie verstehen auch Kinder, die am Wasser spazieren gehen, ohne daß es einer sieht, vor den Augen der Eltern in das Wasser zu werfen; die Rosse unter den Reitern scheu zu machen, von Ort zu Ort durch die Luft zu fliegen, körperlich oder nur in der Vorstellung, die Geister der Richter und Vorsitzenden zu bezaubern, daß diese ihnen nicht schaden können; sich und anderen auf der Folter Verschwiegenheit zu bewirken; die Hände derer, die sie fangen wollen, und ihre Herzen mit gewaltigem Zittern zu treffen; das anderen Verborgene zu offenbaren; auch die Zukunft vorherzusagen nach des Teufels Unterweisung ... Abwesendes wie Gegenwärtiges zu sehen, den Sinn der Menschen zu ungewöhnlicher Liebe und Haß zu wandeln; bisweilen, wenn sie wollen, durch Blitzschlag, gewisse Menschen oder auch Tiere zu töten; die Zeugungskraft oder auch die Fähigkeit, das Beilager zu halten, wegzunehmen; Frühgeburten zu bewirken; die Kinder im Mutterleib durch bloße äußerliche Berührung zu töten; bisweilen Menschen und Tiere durch den bloßen Blick, ohne Berührung, zu behexen und den Tod zu bewirken ... Das jedoch ist allen gemeinsam, daß sie mit dem Dämon fleischliche Unflätereien treiben.“

Geschichtlich waren die Ketzer-Sabbate die Vorläufer des Hexensabbats: die im 12. bis ins 15. Jahrhundert auftretenden Ketzerbewegungen der Katharer, Albigenser und Waldenser kannten nächtliche Versammlungen in ihren „Synagogen“ (Synagoga satanae), wo der Teufel etwa in Gestalt eines großen schwarzen Katers erschien, den

[20] Er erfuhr – insoweit nur von der Gutenberg-Bibel übertroffen – 29 Auflagen und wurde in mehrere Sprachen übersetzt.

[21] Teil II., Kap. 2: „Von der Art, das gotteslästerliche Hexenhandwerk zu betreiben“, S. 27ff.

man von hinten küssen mußte und wo man sich allgemeiner Unzucht hingab[22]. Papst Innocenz III. (1198-1216) führte gegen diese Ketzersekten die Inquisition ein und betraute den Dominikanerorden mit ihrer Durchführung; die Inquisitoren standen noch über den Bischöfen, und alle Urteile erfolgten im Namen das Papstes. Anklagepunkte waren: Verkehr mit dem Teufel, Leugnung der christlichen Lehre und der Göttlichkeit Christi, Verunglimpfung des Abendmahls, aber auch schon Zauberei in Form von Wachsfiguren zu schadenszauberischen Zwecken und Wahrsagerei[23]. Von diesen Vorwürfen gegen die Ketzer war es später nur ein kleiner Schritt, die fast identischen Anschuldigungen auch gegen die Hexen(„sekte") zu erheben, zumal die schnüffelnden Inqisitoren sonst vielleicht arbeitslos geworden wären; im Jahre 1260 gestattete Papst Alexander IV. den Ketzerinquisitoren, auch gegen Zauberer und Hexen vorzugehen; die Hexenverfolgung nahm ihren Lauf.

Wie sehr der Ketzersabbat schon dem späteren Sabbat der Hexen glich, geht aus französischen Prozeßakten des Jahres 1335 aus Toulouse hervor[24], wo an einem Gerichtstag 63 Angeklagte, darunter eine größere Anzahl Zauberer und Zauberinnen, vor den Inquisitor Guidonis geladen waren und von diesem 8 Todesurteile, 11 Urteile zu lebenslänglichem und 44 Urteile zu 20jährigem Gefängnis verhängt wurden. Unter den zum Tode Verurteilten befanden sich zwei ältere, in Toulouse gebürtige Frauen. Achtbare Personen hatten sie denunziert mit der Behauptung, sie seien durch Malefizien (Schadenszauber) der beiden geschädigt worden. Hansen beschreibt den weiteren Gang des Verfahrens wie folgt:

> *„... die Beschuldigten leugneten zunächst hartnäckig, wurden aber schließlich durch die Kraftprobe der Folter zu Geständnissen gezwungen, welche den Inquisitor von Ihrer Schuld überzeugten... Die beiden Frauen wurden über ihr Glaubensbekenntnis verhört; sie erklären, Gott und der Teufel seien gleich mächtig, der eine sei Herr des Himmels, der andere Herr der Erde; beide kämpften ewig miteinander und siegten abwechselnd übereinander ... Bald werde der Antichrist kommen und den Kampf zwischen Gott und dem Teufel diesesmal zugunsten des letzteren entscheiden. ...Die Ketzerinnen gehörten ihrem Geständnis gemäß seit 20 Jahren zum Gefolge Satans. Sie hatten sich bei einer Gelegenheit dem in übermenschlicher Gestalt erscheinenden Teufel auf Leben und Tod hingegeben und mit ihm mitternachts auf einem Kreuzweg unter schauerlichen Zeremonien, bei denen der Teufel in Gestalt einer Flamme erschien, einen Packt geschlossen. Die Folge war, daß sie von da ab jeden Samstag in einen wunderbaren Schlaf fielen und in diesem Zustand zum Sabbat entführt wurden - durch die einfache Wirkung ihres Willens, wie sich eine von beiden ausdrückte[25].*

[22] HANSEN, S. 229

[23] STAHL, S. 146; an Wachsfiguren vollzog der Zauberer stellvertretend, was er einer lebenden Person antun wollte.

[24] Zit. nach: HANSEN, S. 315ff

[25] Die Entrückung der beiden Frauen zum Sabbat erscheint entweder als Traumerlebnis oder als eine – vielleicht pathologische – Halluzination, die möglicherweise auch unter dem Einfluß einer Nachtschattensalbe erfolgte; der Prozeß gibt hier keine Aufklärung. Der Richter unterließ sogar die (an sich gebo-

Dieser Sabbat fand an vielerlei Orten, auf den waldigen Hügeln und Gebirgen der Gegend, bis zu den Pyrenäen hin, statt. Dort erschien der Teufel in Gestalt eines gigantischen Bocks, er wurde angebetet, die Frauen gaben sich ihm wie den übrigen Anwesenden hin, der Bock lehrte sie darauf alle möglichen teuflischen Künste: wie man mit Kräutern, Giften, Wachsbildern, Stücken von Leichnamen, die man sich auf den Kirchhöfen oder an den Galgen verschaffte, Malefizien ausüben konnte, wie man Wetter machte, Hagel erzeugte, giftige die Weinberge schädigende Nebel hervorbrachte, Tiere und Menschen krank machte und tötete. Man aß auf dem Sabbat Fleisch von neugeborenen Kindern, die man nachts geraubt hatte, und trank widerliche Getränke; das Salz fehlte bei Tisch. Beide Frauen gestanden, ihre Malefizien ununterbrochen seit Jahren geübt, Menschem und Tiere auf diese Weise ums Leben gebracht zu haben.- Das Urteil des Inqusitors betont, das diese Geständnisse nur mit scharfer und wiederholter Anwendung der Folter erzwungen und mehrfach widerrufen worden seien; die eine der Frauen beteuerte, als die Folterqual zuende war, ihre Frömmigkeit und erklärte, was sie gestanden habe, sei nur traumhafte Illusion gewesen; an solchen Illusionen leide sie sogar in wachem Zustand. Aber in vollem Bewußtsein seiner richterlichen Klugheit lehnte der Inquisitor es ab, sich auf diese offenbar vom Teufel dem Weib eingegebene List einzulassen; andere Gelehrte und weise Männer, die er befragte, stimmten ihm zu, und so überlieferte er die beiden Frauen dem weltlichen Arm zur gebührenden (Todes-)Strafe. Die Gefolterten waren auch gefragt worden, ob sie andere ihnen bekannte Personen auf dem Sabbat angetroffen hätten; sie hätten das bejaht; einzelne der von ihnen bezeichneten Personen waren bereits verstorben, andere waren geflohen, aber der Inquisitor verzeichnete mit Befriedigung, daß durch seine Bemühung wenigstens einige von ihnen hätten verhaftet werden können."

Demgemäß stellte sich das Bild der Hexensekte nach dem übereinstimmenden Urteil der gelehrten Theologen aus der Zeit bis zum Hexenhammer (1487)[26] zusammenfassend wie folgt dar[27]: Die Welt ist schlecht geworden und dem Teufel zunehmend ergeben; die Sekte der Zauberer und Hexen wächst bedrohlich an; Stifter und Vorsitzender ist nicht ein Mensch (wie bei den Ketzersekten), sondern der Teufel in Person. Die Sektenmitglieder besuchen regelmäßig den der Synagoga Satanae der Ketzer vergleichbaren Sabbat. Das erste Mal wird man durch ein älteres Sektenmitglied dorthin geführt; es wird gegessen, getrunken, getanzt und allerlei Kurzweil getrieben. Vorsitzender ist der Teufel, der die Gestalt von Hund, Bock, Stier oder schwarzem Mann mit feurigen rollenden Augen angenommen hat; männliche und weibliche Dämonen

tene) Klärung der Frage, ob eine nur geistig zu sehenden „Entrückung" der Seele oder zugleich ein körperlicher Transport durch den Teufel stattfindet.

26 Italiener, Franzosen, Spanier und Deutsche, alle überwiegend aus Kreisen der Inquisitionsgerichsbarkeit oder allgemein des Dominikanerordens, wie: Jordanes von Bergamo (Quaestio de strigis, 1460), Peter Mamoris (flagellum maleficorum, 1462), Bernhard Basin (Tractatus de artibus magicis, 1462), Johann Nider (Formicarius, 1435), Johann Hartlieb (Puch aller verpotten Kunst, 1456) und andere.

27 Nach HANSEN, S. 448 ff.

niedrigen Ranges sind ihm ergeben. Neulinge werden nur aufgenommen[28], wenn sie Gott und der Taufe abschwören und den Teufel anbeten, dem ein Eid auf Unterwürfigkeit geleistet und ein Afterkuß als Zeichen der Huldigung gegeben werden muß; sie müssen sich zur Geheimhaltung verpflichten und geloben, die Sekte weiterzuverbreiten; auch müssen sie sich dafür stark machen, möglichst viele ungetaufte Kinder zu töten und zum Schmaus auf den Sabbat mitzubringen. Viele Eltern weihen ihre Kinder dem Teufel auf dem Sabbat; andere Kinder werden insgeheim getötet und nachts auf den Friedhöfen wieder ausgegraben. Auch werden Kreuz und Eucharistie geschändet und mit Füßen getreten. Die Novizen erhalten vom Teufel ein Erkennungsmal; sie müssen versprechen, möglichst viele Malefizien auszuüben. Nach dem Fressen folgt wilder Geschlechtsverkehr und Unzucht der Beteiligten untereinander und mit dem Teufel; dieser hat dazu das Licht gelöscht und ein Kommando gegeben; solche Sexorgien gehören zum regelmäßigen Programm eines Sabbats. Da die Sekte ungemein zahlreich ist, finden Sabbate in jeder Nacht, oftmals zugleich an mehreren Orten statt.

Man geht zu den Sabbaten zu Fuß, wenn sie in der Nähe des Wohnortes sind, häufiger fliegt man jedoch durch die Lüfte, getragen durch die Kraft des Teufels, auf einem Stock oder ähnlichem Gegenstand, der zuvor mit einer geheimnisvollen Salbe eingerieben wurde; gemacht wird diese Salbe aus Abkochungen der auf dem Sabbat verspeisten Kinder, vermischt mit anderen Bestandteilen. Der Flug geht mit rasender Geschwindigkeit vor sich, so daß es beim Durchschneiden der Luft schmerzt; die Dahinfliegenden dürfen nicht an Gott oder die Heiligen denken oder sich bekreuzigen, da sie sonst unfehlbar abstürzen würden. Sektenmitglieder sind überwiegend Frauen, aber nicht allein (wie die Nachtfahren, die im Canon Episcopi [ca.906] erwähnt sind), denn sonst wären die Orgien in dieser Ausschweifigkeit nicht denkbar.

Die Sektenmitglieder üben regelmäßig zauberische Schandtaten (Malefizien) aus: sie verbreiten Krankheit und Tod über Mensch und Tiere, verabreichen Liebestränke und solche, die Unfruchtbarkeit erzeugen, bewirken Impotenz, vergiften Brunnen, heften den „bösen Blick“ auf Kinder, stecken Häuser und Städte in Brand, machen Unwetter, Hagel und Nebel, zerstören die Früchte auf den Äckern und in den Weinbergen. Die Zaubermittel zu diesen Malefizien werden, wie die Flugsalbe, aus Abkochungen der kleinen Kinder, unter Hinzunahme von allerlei giftigen Substanzen, auf den Sabbaten gefertigt; aber man kann auch Kröten mit heimlich entwendeten geweihten Hostien füttern, diese Kröten dann zu Pulver verbrennen und damit stärkste Malefizien erzeugen. Die Wirksamkeit der Zaubermittel wie der Flugsalbe beruht nicht auf ihrer Zusammensetzung allein; vielmehr ist es die Macht das Teufels, die bei den Erfolgen nicht weggedacht werden kann; daher auch die Wichtigkeit des Teufelspaktes, der (schon um 1450) mit Blut besiegelt und unterzeichnet werden muß.

Was aber treibt nach Ansicht der Gelehrten die Menschen scharenweise in diese neue Sekte hinein? Viele Gründe sind hier anzuführen: Bosheit und Neugier den Mitmen-

---

[28] Der sog. Teufelspakt.

schen gegenüber, aber auch Verzweiflung und die Lust, sich an seinen Feinden zu rächen, auch ein Hang zu den Freuden der Tafel und den sexuellen Ausschweifungen als vielgeübte Laster der damaligen Zeit. Allerdings täuschen sie ihre Mitmenschen über ihre heimlichen Aktivitäten, indem sie äußerlich brav die Messe besuchen und auch an der Kommunion teilnehmen, als wären sie gute Christen.

Daß das bisher geschilderte Verhaltensmuster der Hexen sich auch in der Zeit danach nicht wesentlich änderte, soll ein Blick in österreichische Prozeßakten des 17. Jahrhunderts zeigen. Interessant ist, daß die zum „Hexen-Image" gehörenden Salben hier teilweise auch direkt am Körper angewendet werden. Doch sind sie nach wie vor - dem Klischee entsprechend - sündigerweise aus Kinderkörpern hergestellt, wobei eine etwaige Mitverwendung von Kräutern keine Bedeutung besitzt. UNGER gibt einige Aussagen der Beklagten aus Akten österreichischer Hexenprozesse wieder[29]: Die 36jährige Ursula Kollarin aus Gutenhag in der Steiermark bekannte, 1661, bevor sie als Hexe erdrosselt und dann verbrannt wurde:

> *„Nach (auf dem Sabbat) vollbrachtem Essen hatte die alte Wollwerktin sie allesamt mit einer schwarzen Salbe unter den Jaxen (Achseln) angeschmiert, auf welches allen der Leib fedrig geworden und alsbald am Rohitschberg gleichsam wie Storchen geflogen." Die in demselben Jahr verbrannte Elleenka Schaupergerin gesteht, zweimal mit Hilfe eines mit gelber Salbe angeschmierten Ofenwisches nach dem Rohitschberg geflogen zu sein. Die 70jährige Elisa Plainacher bekundet, bevor sie in Erdberg (bei Wien) bei lebendigem Leibe verbrannt wurde: Wenn sie ausgefahren sei, so habe ihr der Teufel "allezeit die rechte Seiten ab und ab mit ainer stinkhenden salb geschmiert, allein den Khopf nit: Über eine gewisse Maria Renata (1749) erzählt der vernehmende Abt: „Wir erhielten aber nichts von ihr als eine gute Portion Maushaar und Kräuter, welche sie zur Hexerei annoch im Kerker reserviret zu haben eingestanden"[30]. In den „Buseckschen Akten" des Jahres 1656 äußert sich die „Beklagtin" Emerenzia Pichler zum Inhalt der Schmiersalbe: „Aus den Hostien, welche sie und alle Hexen beim Abendmahl in der Kirchen aus dem Mund genommen, in der Hand behalten, dem Teufel beim Hexentanz geopfert und solche nachgehens wieder von Ihme bekommen"; ferner sei sie „da bevor umb ein Kindt kommen, das habe sie auch dazu gebraucht", nämlich die Asche ermordeter Kinder; doch habe sie sich nie selbst gesalbt, sondern nur die Ofenschaufel, Stäbchen usw.*

In der Steiermark, wo im Prozeß von Feldberg 1672-74 „einige zwanzig" Hexen und nach den Protokollen von Schloß Gleichenberg in den Jahren 1689-90 weitere 39 Hexen hingerichtet wurden, ergibt sich aus der Gleichartigkeit der Geständnisse - bei al-

---

29 UNGER S. 44ff.

30 Maria Renata Singer von Messau, Subpriorin des Klosters Unterzell bei Würzburg, wurde 1749 als eine der letzten Zauberinnen enthauptet; sie bediente sich des „Bärenmutz" aus dem Klostergarten, der wohl mit Tollkirsche identisch ist.

len Vorbehalten gegen die Gerichtspraxis der Inquisition - das folgende Milieu der Menschen, in dem sich der Hexenwahn entwickelt[31]:

„Alle diese Unglücklichen bekennen fast eimütig, daß, indem sie auf dem Felde oder beim Laubrechen und Schwammsuchen (Pilzsuchen) im Walde beschäftigt waren, der Teufel zu ihnen gekommen sei. Die Veranlassung zu dieser Begegnung ist entweder ein bloßes Ungefähr oder Traurigkeit, Not, Elend, Kummer und Sorgen. Mißhandlung von Seiten der Männer läßt die Weiber im Teufel einen Tröster finden sowie Mittellosigkeit in demselben einen stets bereitwilligen Gönner. Immer tritt der Teufel zuerst als Tröster auf, verspricht den Betrübten alles, was sie nur immer wünschen, verspricht ihnen das angenehmste, sorgloseste Leben und fährt dann im Nebel (nepl) mit ihnen fort.

Der Teufel wird einmal als schmucker Bauernbursche, meist als feiner Herr im schwarzen oder braunen samtenen Kleide, seltener als ein in Lumpen gekleideter Bettler oder Bauer geschildert. Nur einige Male ist er eine schmucke Bauerndirne...

Auf jene Versprechungen folgen nun sofort die Forderungen des Teufels, denn umsonst tut er nichts. Unter diesen steht jedesmal zuerst die Leugnung der Heiligen Dreifaltigkeit und Verschreibung der Seele oder, wenn dies nicht, die Zusicherung der Seele eines Kindes, was auch stets ohne viele Umstände bewilligt wird .... In der Regel werden alle diese Personen im Nebel an irgendeinen Ort (Kreuzweg, Kreuz, Heiligenhäuschen) geführt, wo getafelt und getanzt wird, auch fehlt es selten an Unzucht ... In anderen Fällen, was häufiger geschieht, werden sie auf einen nahegelegenen Berg geführt oder getragen. Sie reiten dabei auf einem schwarzen Pferde, das der Teufel mitgebracht, sitzen mit demselben in einem Wagen oder fliegen in Gestalt eines Sperbers oder Raben dahin....

Auf diesen Höhen (Gleichenberger oder Stradner Kogel, auch: Berg Schöckel bei Graz) geht es nun außerordentlich lustig zu. Es wird gegessen, getrunken, getanzt ... „so vüll leuth wie ein Pinnschwarm (Bienenschwarm)“ ... Die Speisen bestehen aus verschiedenen Braten, namentlich Hühner- und Kalbsbraten, manchmal Enten- oder Gänsebraten, Rindfleisch, Würstchen, Fischen, Krebsen, Krapfen,Kraut, Rüben, Knödel und Sterz, gebackenen Schwämmen, Sauce, alles auf zinnenern Geschirren (den vornehmsten zu jener Zeit) ... Der Wein, an welchem Überfluß ist, wird stets aus dem Stamme einer Buche oder Eiche gelassen.“ Danach geht es zur Schadensbereitung, „nämlich zur Hervorbringung von Sturm, Gewitter oder Hagel“, wobei auch auf geweihte Hostien uriniert wird. Schon vorher hat der Teufel die Weiber zur Unzucht verleitet, wobei sein Same *als „eiskalt“ beschrieben wird; „auch erregt er nie Wollust, wie lange der Beischlaf auch getrieben werden mag.“*[32]

---

[31] Zit. nach UNGER, S. 47ff.

[32] Dies entsprach herrschender Ansicht; die Kirche mochte – wenn schon Fleischeslust – diese nicht auch noch appetitlich darstellen.

Historische Vorlagen und mythische Wurzeln des Verhaltensmusters der Hexen und ihre Ausformung zur Zeit der Hexenprozesse

...ein schwande hexedirn mit wüstzerzausten haar
auf jhrem gabelpferd eilt durch die lufte gar.

(G. Ph. Harsdörffer: Frauenzimmer-Gesprechsspiele (1641) Bd. 3, S. 348)

Etwa bis 1230 bekämpften die Kirche und ihr verlängerter „weltlicher Arm" das Malefizium, d.h. den Schadenszauber als Schädigung privater Parteien untereinander als eine Störung der öffentlichen Ordnung, d.h., daß es der Obrigkeit nicht gleichgültig war, daß sich die schädigende Zauberei im Volke ausbreitete.[33] Von 1230 bis etwa 1430 formt die Scholastik die Verbindung zwischen Mensch und Dämon in der Lehre aus, prägt den Sammelbegriff des Hexenwesens und wendet unter Gleichstellung von Zauberei mit Ketzerei den Inquisitionsprozeß auf Zauberer und Hexen an. Und ab etwa 1430 wird allgemein von einer Hexensekte gesprochen und der Wahn vornehmlich auf Angehörige das weiblichen Geschlechts bezogen; die Verfolgung von bis zu 1 Million Hexen (und Zauberern) durch die kirchliche und weltliche Gewalt geschah systematisch und unter Anwendung von Folter und Verbrennung_auf dem Scheiterhaufen über mehr als 300 Jahre, bis sie endlich unter dem Einfluß von Aufklärung, Fortschritt der Naturwissenschaften und neuzeitlichen Einflüssen des 18. Jahrhunderts zum Erliegen kam.

Zur Blütezeit des beginnenden Hexenwahns mit seinen epidemieartigen Verfolgungen, also etwa ab dem 15. Jahrhundert, hatte sich in der theologischen Wissenschaft und in der juristischen Praxis ein weitgehend deckungsgleiches Hexenbild der Epoche herauskristallisiert, welches durch folgende Feststellungen gekennzeichnet ist:

Hexen sind verruchte Personen weiblichen Geschlechts, die

1. einen Pakt mit dem Teufel geschlossen haben, welcher sie befähigt, unter Anwendung zauberischer Mittel anderen Menschen Übeltaten (Malefizien) zuzufügen an Leib und Leben, Gesundheit und Eigentum, besonders am Viehbestand und an der Ernte, wobei Sie ihre Wirkstätten im Flug erreichen;
2. mit teuflischer Hilfe nachts in schnellen Flug zum Sabbat ausfahren, dort unter Vorsitz des Teufels an Festlichkeiten teilnehmen und dabei Christus, Kirche und die heiligen Sakramente verhöhnen und verleugnen;
3. mit dem Teufel „Buhlschaft", d.h. Geschlechtsverkehr treiben und sich zügellosen Perversitäten hingeben und

[33] Hier und im folgenden nach HANSEN S. 1ff.

4. die Fähigkeit vom Teufel erlangen, sich in Tiere (Katzen, Mäuse, Wölfe usw.) zu verwandeln und so ihren Mitmenschen gegenüberzutreten.

Das Vorliegen eines dieser Tatbestände indiziert stark auch das Gegebensein der anderen im Hexenprozeß; außerdem gehören alle Hexen einer Hexensekte an.

Dieser zusammengesetzte Hexenbegriff hat seine Wurzeln in verschiedenen traditionellen Anschauungen des Volksglaubens auf dem Boden der orientalisch-europäischen Mythologie; sie sollen im folgenden näher untersucht werden.

Das Malefizium, also der Glaube daran, daß Menschen mit Hilfe von Dämonen anderen Menschen einen Schaden anzaubern können, entspricht uralter Überlieferung der Indogermanen, aber auch afrikanischer und asiatischer Volksstämme, wo er sich stellenweise bis heute erhalten hat. Die Bibel kennt etwa den unwettermachenden Schadenszauber; die Germanen bewirkten ihn mit Hilfe blutgeschriebener Runen oder der „Neidstange", die Druiden sprachen dazu magische Beschwörungsformeln (Invokationen und Inkantationen). Bei Griechen und Römern wurden durch die magi oder malefici, durch sortileges (Wahrsager) und tempestarii (Wettermacher) mit Hilfe übernatürlicher Kräfte die Mißernte des Nachbarn, der Blitzschlag oder das Schadensfeuer herbeigerufen; die Zauberinnen wurden maleficae (Schadensbereiter) oder herbariae (Giftkräuterfrauen, die das veneficium, die Giftmischung, kannten), genannt; häufig war als Strafe das Verbrennen bei lebendigem Leibe angedroht, während die Auftraggeber dazu mit - je nach Stand - Tod am Kreuz oder durch wilde Tiere oder mit Enthauptung rechnen mußten. Und auch die antike Sagenwelt war voller Zauberinnen, wenn man etwa an Medea, Hekate oder Circe denkt; letztere war es, welche die Gefährten des Odysseus in Schweine verwandelte.

Neben der schädigenden malefica kannten Griechen und Römer aber auch die striga (Nachteule), auch oft lamia, empusa oder furia genannt, eine nachtfahrende Frau, die kindermordend nachts durch die Lüfte fährt und sich zu Gelagen mit Gleichen trifft; sie wird bei der Erörterung der Flugvorstellung näher betrachtet.

Das Malefizium ist der Kern des Hexenglaubens, gerade auch nach dem Hexenhammer: Hexen können einen Menschen töten, ihn krank und schwach machen, seinen Geist verwirren; sie können Impotenz des Mannes (impotentia ex maleficio), Unfruchtbarkeit der Frau oder Fehlgeburten verursachen; sie können auch Liebe oder Haß unter Partnern erzeugen. Sie töten nach Bedarf Vieh und Haustiere, vernichten Saat und Ernte, etwa, indem sie Hagel und Ungewitter herbeiführen. Auch das Venefizium ist ein Teil des Malefiziums, denn die tödliche Wirkung einer (Gift-)Pflanze war nur durch übernatürliche Einwirkung zu erklären.

Auch die Flugvorstellung, also der Glaube daran, daß die Hexen ihren Tanzplatz oder die Stätten ihres Schadenstreibens durch schnelle Flugkünste erreichen, entspringt alten mythischen Vorstellungen, wie auch die flugvermittelnde Einreibung mit einer Salbe seit alters im Volksglauben verankert ist. Schon in chaldäischen Texten, die in Niniveh ausgegraben wurden, ritten die Hexen auf einem Stück Holz; in Indien salbten sich die tantrischen Zauberweiber zum Flug mit (vermutlich) bewußtseinsverändernden Drogen.[34] Im alten Griechenland rieben sich die tessalischen Weiber, die als besonders pflanzenkundig galten, mit einer Salbe ein und flogen dann nachts durch die Lüfte zu Liebesabenteuern und konnten Menschen in Tiere und Steine verwandeln. Lukian und Apuleius, Schriftsteller des 2. Jahrhunderts nach Christi, berichteten, wie sich eine Frau durch Salbung in eine Eule verwandelt und davonfliegt. Die Römer kennen die Strigen, auch stria, masca, lamia oder furia genannt, die als eulenartiges Nachtgespenst ausfuhren, den Kindern ihre vergifteten Brüste gaben oder Blut und Eingeweide derselben aussaugten und an deren Stelle Stroh und Holz in die Körper packten; dies sind frühe Anklänge an die später den Ketzern vorgeworfenen rituellen Kindesmorde und an die den Hexen vorgeworfenen Kindesleichen zum Zwecke der Herstellung ihrer Flugsalben; das nächtliche Gelage der Strigen erinnert an den späteren Hexensabbat.

Die Germanen kannten „unholde“ und „holde“ Nachtfahren; das Wort „Nachtfahren“ war gleichbedeutend mit „Nachtfrauen“. Die unholden[35] wurden zunächst mit den Strigen identifiziert, nachtfahrenden Frauen also, die mit Menschenfressen auf Gelagen zu tun hatten. Diese Frauen, so sagte man, schlossen sich der Diana auf ihren nächtlichen Ausflügen an, aber auch anderen „verbannten“ Göttinnen und Dämonen, wie Hekate oder Herodias, Abundia, Satia oder Hera. In der Volkssprache setzte sich, wie man Glossen und Umsetzung der damaligen Zeit entnehmen kann, das Wort „hagazussa“ (wörtl. Zaunweib) oder „hazessa“ durch; so spricht etwa der Klosterlehrer Notker aus St. Galen (950-1022) von der „menschenfressenden hazessa hier im Lande“; aus diesem althochdeutschen Wort entwickelt sich das mittelhochdeutsche „Hexe“ (häg'sche = Hag Frau) erst im 13. Jahrhundert, ausgehend vom Alemannischen (Schweizerischen) und mit den Hexenprozessen nach Norden gelangend. Die „Zaunfrau“ beinhaltete das Bild der „zûnrite“ (Zaunreiterin), die auf einem (der Göttin Freya geheiligten) Besen oder Zaunreis durch die Luft fliegt. Ob sich der Begriff des Malefiziums, also der Glaube an Menschen, die mit Hilfe der Dämonen anderen Menschen Schaden zufügen können, erst im 14. Jahrhundert mit diesem, der Striga antiken Vorbilds angelehnten Hexenbegriff verbunden hat und so erst zum Hexenungeheuer des Mittelalters wurde oder ob bereits die germanische Nachtfahrerin im Gefolge der Diana oder Herodias auf Schadensverursachung aus war - immerhin galt sie als überwiegend blutsaugend und menschenmordend -, ist in der Literatur bestritten.[36] [37]

Neben der kindermordenden „Hexe„, wie sie auch in den Märchen auftritt (vgl. das Märchen von Hänsel und Gretel)[38], war den Germanen aber auch eine „holde“ Nachtfahrende bekannt, welche im Gefolge von Frau Holda oder Frau Perchta mit deren luftigen Heeren (die sich, nach einer Ansicht, aus den Seelen der Verstorbenen zu-

[34] DUERR, S, 257, 374

[35] Unhold war ein früher Begriff für Hexen und Zauberer.

[36] Dafür: HANSEN, S. 14ff.; dagegen: HDA Bd. 3, Sp. 1847

[37] Diana war die Herrin der Jagd und der Tiere; die nächtlichen Ausflüge der Frauen, die Diana folgten, geschahen meist auf Tieren.

[38] Das Rauben, Braten und Verzehren von Kindern wurde auch den Elben nachgesagt, hierzu: GRIMM/STROBL S. 569

sammensetzten) besonders in den Vierzehnnächten (zwischen Weihnachten und Dreikönige) davon flogen, aber nicht auf Schädigung aus waren; seit etwa dem 10. Jahrhundert werden sie erwähnt, und man verschafft sich ihre Gunst, wenn man ihnen den Tisch deckt („tabula fortunae"), etwa auf dem Dach des Hauses, und auch Wolfram von Eschenbach spricht in seinen Werk „Willehalm" davon, daß die „nahtvarn" gerne helfen. Oft fahren sie auf einem Stock, oft aber auch auf gespenstischen Rossen, Hirschen, Kälbern oder Böcken aus, immer von einer Dämonin angeführt.

Das Thema des „Hexenrittes", also ob und ggf. wie die Hexen fliegen können, sollte die theologische Wissenschaft noch tiefgreifend beschäftigen. Doch zunächst noch ein Wort zur Vorstellung von Tierverwandlungen und zum geschlechtlichen Verkehr von Menschen mit Dämonen. Der Glaube an Tierverwandlungen ist uralten Ursprungs; schon die striga der Antike, die sich salbte, nahm dadurch die Gestalt einer Eule an. Alt ist auch der Glaube an Werwölfe - Menschen, die sich durch eingeriebene Salben in reißende Wölfe verwandeln, wie sie sich, bei den antiken Schriftstellern Herodot, Plato oder Petronius finden und auch, wie Bonifacius um 740 berichtete, unter den Germanen bekannt waren. Und auch die Vorstellung, daß Menschen mit Göttern, Halbgöttern oder Dämonen geschlechtlich verkehren, war nicht unnormal und wurde erst später im Rahmen einer zunehmenden Leibfeindlichkeit inkriminiert. In der griechischen, römischen und germanischen Mythologie verkehren Götter, oft in Tiergestalten, mit Menschen, und Heldengeschlechter führen sich häufig auf solchen göttlichen Ursprung zurück. Auch der Inkubus (wörtl.: der Darauffliegende) war bereits den Römern geläufig: ursprünglich für das nächtliche Alpdrücken verantwortlich, wurde er später Faunen und Silvanen zugeordnet; er suchte die Frauen heim und war für wollüstige Träume verantwortlich. Erst die scholastische Lehre brachte das Begriffspaar Inkubus und Sukkubus (ein weiblicher Teufel[39] als Geschlechtspartner des männlichen Hexers) auf und sah darin eine besondere Gotteslästerung, zumal bei den Frauen, die nicht als vollwertige Wesen anerkannt waren und nur darauf zu lauern schienen, den Mann vom rechten Weg der Kirche abzubringen, weil der Kontakt mit ihnen - zumal der geschlechtliche - zunehmend als mit dem Makel der Sünde behaftet gesehen wurde.

Der nächtliche Flug der Hexen, die „Levitation" (Leichtwerden, Schweben)[40], gab der Zeit zunächst viele Rätsel auf. Der Kirchenlehrer Augustin (354-430) kann als Wegbereiter der Hexenfluglehre angesehen werden; danach kann der menschliche Körper ein „Phantastikum" im Schlaf aussenden, d.h., durch den Einfluß der Dämonen verläßt die Seele in Tiergestalt, in Menschengestalt oder sogar in Gestalt des eigenen

[39] Die ursprüngliche mythologische Bedeutung des Wortes war: Teufel, Diable, oder (das) Doppelte, das Doppel oder der Zwilling. Der Androgyne, oder auch: das Doppel des Astralkörpers und die Zwillinge werden durch die Aspekte der Natur, von Licht und Dunkel, Tag und Nacht und später von Gut und Böse reflektiert. (Vgl. auch „Wiederbelebung der Magick" von Kenneth Grant, Verlag Ruther, Berlin 1997, S. 65 ff.)

[40] Über Levitationen aus religiöser Ekstase sowie Experimente aus neuerer Zeit: MECKELBURG, Ernst: Transwelt, 2. Auflage, München, 1992, S. 77ff.

Ichs (Doppelgänger) den schlafenden Körper[41], um andernorts Arbeiten zu verrichten; diese Scheingestalt entstehe durch eine Art optischer Täuschung.

Thomas von Aquin (1224-1275) griff später hierauf zurück, indem er die Seele (Phantastikum) als eine Art Scheinleib betrachtete; allerdings endete sein Werk über den sog. „Raptus“ (die „Entrückung„) ohne Entscheidung[42] darüber, ob diese, bei den Heiligen oft beobachtete Entrückung nun nur geistig, oder aber geistig und zugleich körperlich geschah[43], wie es etwa die Bibel von Jesus berichtete, der vom Teufel „mit Leib und Seele“ erst auf die Tempelzinnen und dann in die Wüste entführt wurde (Matth. Kap.4 und Lucas Kap.4). In der Zwischenzeit (600-900) waren in den kirchlichen Bußbüchern, die gewisse Bußen für im Volke weitergeübte heidnische Bräuche verhängten und durch deren genaue Beschreibung ein hervorragendes Geschichtsdokument für den Aberglauben der Zeit geliefert wird, neben der Nennung verschiedener Malefizien keine Hinweise auf nächtliche Flüge der Strigen, auf den Inkubus (geschlechtlicher Verkehr mit Dämonen) oder auf Tierverwandlungen erfolgt. Hinsichtlich der striga enthalten allerdings die Bestimmungen der frühgermanischen Volksstämme rechtliche Regelungen, in denen übereinstimmend der Glaube an solche - dem Wahn zugerechnete - Vorstellungen als (strafbewehrter) Aberglaube zur Rechenschaft gezogen wurde. So etwa bestimmte Karl der Große in seinem ersten sächsischen Kapitular (ca.787): Wenn jemand, vom Teufel betört, nach Heidensitte glaube, ein Mann oder ein Weib sei eine striga und verzehre Menschen, und sie in diesem Glauben verbrenne, zum Essen gebe oder selbst esse, so solle er mit dem Tode bestraft werden. So wurde es auch ehrenrührig, eine Frau als striga (stria, lamia vulgo masca) zu beschimpfen, weil man Sie damit in die Nähe von Menschenfresserei brachte. Die Entwicklung der Volksrechte ging dahin, nur die Malefizien als Wirklichkeit, als echte Schädigung anzusehen und solche Zauberer oder Zauberinnen der Folter[44] und der Todesstrafe zu unterwerfen, stand doch schon in der Bibel geschrieben: „Die Zauberinnen sollst du nicht leben lassen!“ (2.Mose 22,18) .

Die kirchliche Auffassung zur Zeit der Vorscholastik ergibt sich aus zwei Kirchenrechtsversammlungen, welche richtungsweisend für das spätere Kirchenrecht wurden: diejenige des Abtes Regio von Prüm (ca.906), welche, nach ihrem Anfangswort, „Canon Episcopi“ genannt wurde, und die etwa 100 Jahre jüngere des Bischofs Burchard von Worms. Im Canon Episcopi wird wiederum der Aberglaube inkriminiert: Der Teufel spiegele lasterhaften, ihm ergebenen Frauen im Traume vor, daß sie mit der heidnischen Göttin Diana zur Nachtzeit auf bestimmten Tieren durch die Lüfte ritten, weite Landstrecken überflögen und den Befehlen der Göttin gehorchten. Neben Gott an ein anderes göttliches Wesen (Diana) zu glauben, sei ein heidnischer Irrglaube, den

---

41 So wurde in einer Legende der Zeit erzählt, daß Ambrosius, während er in Mailand die Messe las, die Besinnung verlor und, wieder zu sich gekommen, erzählte, er habe inzwischen in Tours am Begräbnis des Bischofs Martin teilgenommen.

42 Es ging um die Entrückung Paulus` in den Himmel.

43 Vgl. 2. Korinther 12,2

44 So eine Bestimmung Karls des Großen von 779 nach einem Bischofsbeschluß der bayrischen Synode zu Reisbach-Freising.

der Teufel erzeuge; im Traume sehe man manches, was im wachen Zustand nicht vorhanden sei. Die Strafe für solche Wahnvorstellungen war die Vertreibung aus der kirchlichen Gemeinde. Die hier behandelten Nachtfahren sind, anders als in den geschilderten (salischen, sächsischen und alemannischen) Volksrechten, keine Strigen (Lamien) mit menschenfressenden Aspekten, sondern die wohlwollenden, „holden" Nachtfahren.

Im Dekret des Wormser Bischofs Burchard (gest.1025), einer Kirchenrechtssammlung in 20 Büchern aus dem Jahr 1020, von denen sich auch manche Quellen widersprechen, wird an zwei Stellen von den Strigen gehandelt: Im Buch 10 wird der Canon Episcopi übernommen; im Buch 19 (auch: „Correktor" genannt) wird der Glaube an die holden Nachtfahren nochmals erwähnt und mit einer Geldbuße von 1 bis 2 Jahren bedroht; ferner werden aber auch die bösartigen Strigen erwähnt, die sich nachts heimlich von der Seite ihres Gatten erheben, durch verschlossene Türen aus dem Hause entweichen, mit anderen Genossinnen (im Flug) die Erde durchmessen, Christenmenschen auf dieser Fahrt mit unsichtbaren Waffen töten, ihr Fleisch kochen und verzehren, anstelle ihres Herzens einen Lappen, ein Holz oder dergl. legen, die Verzehrten wieder zum Leben erwecken und ihnen Urlaub zum Leben geben - dieser Unglaube wird mit siebenjähriger Buße bestraft. Schließlich wird auf Frauen hingewiesen, die der Teufel wie das wilde Heer nächtlich durch verschlossene Türen durch die Luft bis in die Wolken hebt und die dort miteinander kämpfen und sich bis aufs Blut verwunden; dieser Aberglaube wird mit 3 Jahren Buße belegt.

Burchards Dekret wurde Grundlage des späteren kanonischen Rechts, mit der Ausnahme, daß Buch 19 (versehentlich?) nicht weitergegeben wurde, was zur Folge hatte, daß nur die holde striga (wie bereits in Canon Episcopi), nicht aber die unholde, als wahnhafte, nicht wirklich existierende Nachtfahrerin weitergegeben wurde, so daß Raum dafür blieb, die unholde später erst richtig „zu erfinden", weil sie vom Canon Episcopi ja gar nicht erfaßt war und somit in Wirklichkeit bestehen konnte: der Weg war frei für die Scholastiker, die Hexen als „neue Sekte„ auszuweisen, die es wirklich gab und die nicht nur in überlieferten Wahnvorstellungen existierten. Wenn der Hexenritt der kindermordenden und auf Gelagen Menschenfleisch schmausenden Strigen keine überkommenen heidnischen Hirngespinnste waren - wie die Kirchenrechtssammlungen sie auswiesen - dann war der Weg frei für den Sabbat und die Verfolgung der Hexen.

Hatte die Frühscholastik, etwa bis ins 13. Jahrhundert, das Herumfliegen der Weiber im Gefolge Dianas oder Hekates nach wie vor als Wahnvorstellung betrachtet, so häuften sich doch inzwischen die Stimmen, die an einen wirklichen Transport durch die Lüfte glaubten, eben weil der Teufel schon nach der Bibel in der Lage war, Menschen durch die Luft zu tragen. Auch berichtet die Bibel vom Flug Habakuks (Daniel 14), und der auch erwähnte (Apg. 8) Simon Magus war des Fliegens fähig; Caesarius von Heisterbach (1180- nach 1240) beschreibt, wie der Teufel Menschen durch die Lüfte über die Wälder hinweg entführt; dasselbe beschreibt der Dominikaner Thomas von Chantimpré in seinem Buch über den Bienenstaat (1256), und bereits die Germanen kannten den Ritt der Walküren durch die Lüfte oder die Geschichte eines Mannes, den Odin durch die Luft trug, wie Saxo Grammaticus berichtet. Auch konnte man mit dem Begriff der „Entrückung" durchaus auch die körperliche Entrückung verstehen, wie etwa Kaiser Rotbart in den Kyffhäuser entrückt war und auf seine Wiederkehr harrte. Den Schlußstrich unter die laufende Diskussion zogen zwei Spanier, Turrecremata und Tostatus, in ihren Kirchenkommentaren (um 1450), wo sie den alten Aberglauben der fliegenden Weiber unter Diana usw. befestigen, ihm aber gegenüberstellen den tatsächlich erfolgenden Hexentransport durch den Teufel, um Schaden damit anzurichten und am schauerlichen Hexensabbat teilzunehmen - als Ausfluß einer neuen Sekte, die sich, in dieser Form, gerade erst gebildet habe und daher von den alten Lehrbestimmungen überhaupt noch nicht erfaßt sei. So kommt es zu dem Kuriosum der Geschichte, daß ein von der Kirche selbst jahrhundertelang bekämpfter Wahn nun in etwas gewandelter Gestalt als von der offiziellen Lehrmeinung anerkannte Realität Auferstehung findet, mit der Folge, daß Hunderttausende zu wehrlosen Opfern einer Justizmordkampagne gemacht werden, die menschlich bis heute nicht begreifbar erscheint.

So war das Bild des Hexenwesens etwa im Jahre 1480 als ein Gemisch von volkstümlichem Mythos und religiösen Fiktionen vollständig ausgebildet; der Hexenhammer von 1467 stellte sachlich keine Abweichung davon dar; die Tierverwandlungen erklärte er durch optische Täuschungen seitens des Teufels, so daß z.B. Hexen von den übrigen Menschen als Katzen gesehen werden können. Eine Besonderheit liegt allerdings in seiner Konzentration im wesentlichen auf die (weiblichen) Hexen, die so in der Überzahl sind, daß die männlichen Hexer (Zauberer) nicht erwähnenswert seien. War bei den früheren Ketzerprozessen die Zahl der männlichen und weiblichen Beteiligten in etwa gleich gewesen, so richtete sich nun der Hexenhammer (indem er die weibliche Form: maleficarum wählt) ausschließlich an die Frauen. Die Gründe dafür sollen anschließend untersucht werden.

Gründe und Erklärungsversuche für die Zuspitzung der Hexenverfolgung auf die Frau

Verstand ist stets bei wen`gen nur gewesen.

(Schiller, DEMETRUIS)

Der überwiegende Teil der dem Massenwahn der schlimmsten Zeit (etwa 1450-1750) zum Opfer gefallenen Menschen gehörte den einfachen Schichten, besonders der Landbevölkerung, an; diese standen auch noch fester auf dem Boden der überkommenen Traditionen - wie beispielsweise der Glaube an nachtfahrende Frauen - und boten daher den Inquisitatoren bessere Anknüpfungspunkte als die städtischen Bürger bei der Feststellung des Verdachtes, Mitglieder der Hexensekte zu sein. Auch die kirchliche Theorie ging davon aus, daß die Beschuldigten mehr aus den gewöhnlichen Klassen als aus der Oberschicht zusammengesetzt waren. Aber warum fiel der Verdacht nun fast ausschließlich auf Frauen, warum wurden Männer kaum gefoltert und verbrannt? Dafür lassen sich mehrere Gründe auflisten:

Einmal waren die Frauen von altersher, weil in ihrer Körperkraft dem Manne unterlegen, in besonderer Weise auf einen Ausgleich durch zauberische Betätigung angewiesen; sie übernahmen daher entwicklungsgeschichtlich den Part der weisen Frau und Zauberkundigen; sie hatten sich besondere Kenntnisse über Kräuter und Heilwesen verschafft und standen kraft ihres Geschlechts auch der Entwicklung des Lebens näher als der Mann. Daher sind die großen Zauberer der Vergangenheit, wie Circe, Medea, Hekate, Diana, Hera, die ägyptische Göttin Hathor wie die tessalischen Hexen Griechenlands stets Frauen gewesen. Zum anderen waren die Männer nicht so schutzlos wie das - damals besonders - „schwächere Geschlecht“. Mit Ausnahme weniger hochgestellter Damen hatten die Frauen im Mittelalter weder einen sozialen Status noch Einkünfte aus Berufen, in denen sie das behalten konnten, was sie etwa verdienten.[45] Eine „Hübschlerin“ zu sein, die ihre Gunst für Geld feil hielt, war nicht jeder Frau Sache, doch was man der „Hexe„ gab, konnte diese unbemerkt einstecken und für sich verwenden. Ferner wurde die Frau häufiger ans Krankenbett oder zur Bereitung eines Liebeszaubers gerufen, weil sie mit einem Huhn, einem Stück Speck oder selbstgesponnener Wolle bezahlt werden konnte, während der „gelehrte Doktor“ klingende Münze verlangte. Auch war das Vertrauen in die Magie, welche von der als Hexe verschrienen Nachbarin beherrscht wurde, oft größer als das in die medizinische Wissenschaft. Blieb jedoch der Heilerfolg aus, dann war man schnell mit Vorwürfen und Verdächtigungen bei der Hand, eine „Hexe“ habe den Tod verursacht oder das Leiden verschlimmert.

---

[45] STAHL, S. 144f.

Entscheidend, gerade für die Verfasser des Hexenhammers, war aber die zunehmende Entwertung und Negativbesetzung des Geschlechtslebens; auch hier bot die Scholastik und besonders Thomas von Aquin die theoretische Grundlage: danach hat Gott dem Teufel eine besondere Macht über das Geschlechtsleben verliehen, weil durch dieses die Erbsünde weitergereicht wird. Daher sind die Männer öfter Opfer von Behexungen (und Frauen öfter deren Täter), weil beim Mann naturgemäß die geschlechtliche Betätigung (durch Impotentmachen) leichter zu verhindern ist, als bei der Frau. So ist die Frau zur Hexe prädestiniert; der Teufel gibt gerade den von einem ungetreuen Liebhaber verlassenen Frauen ein, letzterem entweder selbst oder durch Vermittlung alter Weiber die Potenz wegzuhexen, so daß er die Ehe mit der Nebenbuhlerin nicht vollziehen kann[46]. Auch die Lehre von der Teufelsbuhlschaft richtet sich gegen die Frauen, denn der Teufel wird in der Regel männlich gedacht. Waren in früheren Zeiten die Frauen (Hexen) mit Männern (Zauberern) zur Lustbarkeit des Hexensabbats geflogen, um sexuelle Orgien zu feiern, so ging es nunmehr nur noch um den Teufel selbst, dem sich die Frauen oft aber über Jahrzehnte hingeben. Männer hingegen sind weit weniger geschaffen für die Sünde, nahm doch Christus Männergestalt an, als er sich unter die Menschen begab[47]. Nach dem Hexenhammer ist auch die unersättliche Fleischeslust der Frauen ein Zeichen dafür, daß so viele von ihnen zu Hexen wurden. Diese angeblich besondere Neigung zu geschlechtlichen Ausschweifungen bedeutet ein Wiederaufleben der alten Vorurteile des Asketentums in der Kirche, jetzt aber mit der Gefahr für die Frauen, dem ganzen Machtapparat der Inquisition ausgeliefert zu sein. Schließlich ist die Frau schwächer im Glauben als der Mann, damit anfechtbarer und den Einflüsterungen des Teufels gegenüber leichter zugänglich. So leitet sich - nach Ansicht der Verfasser des Hexenhammers - der lateinische Name „femina" für Frau ab von „fe" = fides (Glaube) und „minus" = weniger. Die Verfasser des Hexenhammers wurden nicht müde, ein Bild der Frau zu zeichnen, das an Gehässigkeit nicht mehr zu überbieten ist. War etwa bei Paracelsus die Frau wenigstens noch eine „halbe creatur", die als Gebärmutter Funktion besaß, so ist sie im Hexenhammer „nur ein unvollkommenes Tier", das immer täuscht. Geschichte, Bibel und Überlieferung werden zitiert, um das Zerrbild der Frau zu untermauern; so etwa habe Johannes Chrysostomos, ein Kirchenlehrer des 4. Jahrhunderts, schon zu seiner Zeit erklärt: „Was ist das Weib anders, als die Feindin der Freundschaft, eine unentrinnbare Strafe, ein notwendiges Übel, eine natürliche Versuchung, ein Unglück, das das Verlangen reizt, eine häusliche Gefahr, ein süß schmeckender Schaden, ein Übel der Natur mit schöner Farbe übertüncht." Und schließlich sei es, wie eingangs erklärt wird, schon a priori nicht zulässig, anderer Ansicht zu sein: „zu dem Punkt, warum in dem so gebrechlichen Geschlechte der Weiber eine größere Menge Hexen sich findet als unter den Männern, frommt es nicht, Argumente für das Gegenteil herzuleiten, da außer den Zeugnissen der Schriften und glaubwürdiger (Männer) die Erfahrung selbst

46 Alten Urkunden zufolge häuften sich tatsächlich die Auflösungen von Eheversprechen im 15. und 16. Jahrhundet. Die „impotentia ex maleficio", schon bei Herodot erwähnt, stammt wahrscheinlich aus dem Orient. Vgl. HANSEN, S. 106f.

47 HEXENHAMMER, Teil 1, S. 106f.

solches glaubwürdig macht.“ Nachdem der landauf, landab verbreitete Hexenhammer seine Wirkung getan hatte, ging man davon aus, daß das Verhältnis von Hexen zu männlichen Hexern etwa 10:1 betrage; so konnte der Volksprediger Geiler von Kaysersberg im Straßburger Münster, auch vor den dort anwesenden Frauen, feststellen: „Wen man ein man verbrent, so brent man wol zehen frawen.“[48] Und ein anderer Zeitgenosse des 16. Jahrhunderts, ein Prediger Beermann[49], führt die übermäßige Verbrennung von Frauen auf die Haßkampagne der damaligen Literatur zurück:

> *„Daß man in jetzig Zeit so viele Hexen verbrennt, kommt nit zum wenigst mit daher, daß unzählig viel Scribenten so unflätig von den Weibern schreiben und sie schier alle insgmein für bös, giftig und von teuflischer Natur ausschreien, und rühmen sich dann wohl. daß ungleich mehr Weiber als Unholde (Hexen) und Zäuberische verbrennt würden, dann Männer, so von Natur besser seien und nit so giftig, listig und verschlagen.*
>
> *Wodurch denn das Volk, das auf solche Scibenten hört, wider die Weiber erböst wird, und wenn sie verbrennt werden, sagen: Ihnen geschieht recht, sie sind höllisch und tückisch gleich den Teufeln.“*

Letztlich handelte es sich bei der Treibjagd auf die Hexen[50] wohl um eine Art psychischer Epidemie in Form eines Massenwahns, eine sich im Sinne seelischer Ausnahmesituation ausbreitende geistige Ansteckung, bei welcher der Gesamtintellekt der Masse unverkennbar unter das Niveau des Einzelintellekts herabsinkt. Hierfür spricht auch der gewaltige Andrang des schaulustigen Volkes zu den Plätzen der Verbrennungen und seine Brutalität den Opfern gegenüber beim Gang zum Scheiterhaufen. Dahinter steckt aber auch die Angst der Menschen vor Pest und Krieg, vor Mißernte und Notstand, vor Schäden aller Art, die in der „Ungläubigen“ (Teufelsanbeterin) ihren Sündenbock suchte. Wer „den Teufel an die Wand malt“, hat seine Macht schon halb gebannt; das gilt auch für die verbrannte Hexe. Unter dem Eindruck der durch eine „religiös-fanatische Sadisten-Clique“[51] geschürten Massenhysterie blieb das eigene Urteilsvermögen der Menschen auf der Strecke.[52]

---

[48] Aufgeschrieben in seiner „Emeis“, einer Predigtsammlung des Jahres 1517.

[49] Zit. nach HAMMES, S. 69

[50] KURTH, S. 39ff. – GRIMM faßt zusammen: Phantasie, Tradition, Bekanntschaft mit Heilmitteln, Armut und Müßiggang haben aus Frauen Zauberinnen gemacht; die drei letzten Ursachen auch aus Hirten Zauberer (GRIMM/STRBL, S. 559)

[51] KURTH, S. 39ff.

[52] Dazu BIEDERMANN, S. 121, der ebenfalls verschiedene Erklärungsversuche – bis hin zur Parapsychologie – für den europäischen Hexenwahn zusammenstellt (S. 117ff.)

Die Rezepte der Hexen und ihre Anwendung - Fremdzeugnisse und Selbstversuche

Die Salbe gibt den Hexen Mut,
Ein Lumpen ist zum Segel gut,
Ein gutes Schiff ist jeder Trog,
Der flieget nie, der heut nicht flog.

(Goethe, Faust I, Chor der Hexen)

Die Salbentöpfe der Hexen, deren Inhalt ihnen die Flugfähigkeit garantierte und nach der Verhaftung sogar gegen die Schmerzen der Folter immun machen sollte und nach denen darum die Richter der Inquisition so eifrig suchen ließen, waren ein nicht wegzudenkendes Requisit der Hexen-Szene; man findet sie abgebildet auf den Gemälden der Zeit, z.B. bei Hans Baldung (gen. Grien, 1484-1545) oder Albrecht Dürer[53] und kann sie gelegentlich noch heute in Museen bewundern. Grünlich soll sie ausgesehen haben, die Hexensalbe, wohl wegen der darin verarbeiteten Kräuterbeigaben[54], und das Rezept dafür sollen die Hexen angeblich allesamt auf den Scheiterhaufen mit ins Jenseits genommen haben.

Das klingt wenig überzeugend, zumal die „Hexen" alles aus sich ausquetschen ließen, was ihre Folterknechte hören wollten, und einige der Prozeßrichter sich die Hexen sogar vor ihren Augen salben ließen, um zu sehen, was passierte, d.h. was es mit der Wirkung auf sich habe. Sicher kam der größte Teil der als Hexen (und Zauberer) Beschuldigten in der Wirklichkeit ihres Alltags nie mit einer solchen Salbe in Berührung; dennoch mußten sie alle das gängige Klischee von der Hexenausfahrt zum Sabbat vor Gericht bekennen; dabei half nur - sollte der Richter ein Bekenntnis zum Salbeninhalt verlangen - die Ausrede, man habe den Schmiertopf erst kurz vor der Ausfahrt vom Teufel oder von einer Nachbarin erhalten und ihn später weggeworfen, so daß einem über den Inhalt nichts bekannt sei. Eine andere Frage ist, ob die Richter der Inquisition überhaupt ein Interesse daran haben konnten, die Bestandteile der Hexensalben im Prozeß näher zu erfragen. Einmal hätte eine „natürliche Drogenerklärung"die Macht des Teufels - auf die es entscheidend ankam - ausschalten oder doch schmälern können[55]; ja der Teufel wäre gewissermaßen in den Prozessen überflüssig geworden, wenn man alles mit der natürlichen Wirkung der Kräuter hätte erklären können.

Zum anderen waren die vielen Richter landauf landab häufig mit den Prozessen überfordert, so daß sie von dem Landesherren zur Vereinheitlichung, aber auch zur Ver-

---

[53] Eine umfassende Übersicht bei: HAUSCHILD/STASCHEN/TROSCHKE

[54] Die Salbe kann aber auch weiß, blau oder schwarz sein; sie ist geruchlos oder stinkt, kann giftig oder unschädlich sein, (je nachdem sie im Besitz der Hexe oder in der Hand des Richter ist), UNGER, S. 44

[55] DUERR, S. 22; HAUSSCHILD, S. 364; nach dem HEXENHAMMER (Teil 2, Kap. 3, S. 49) erhält die Salbe nur durch den Teufel Kraft.

einfachung der Verfahren mit sogenannten Prozeßablaufplänen (Interrogatia) ausgestattet wurden, die so gefaßt waren, daß die Beschuldigten nur noch mit „ja“ oder „nein“ antworten konnten (eine spachliche Umgehung der eigentlich seit der Constitutio Criminalis Carolina Karls V., 1532, verbotenen Suggestivfrage!). Dadurch erklärt sich gleichzeitig die verblüffende Übereinstimmung der Aussagen der Beschuldigten aus den verschiedensten Landstrichen, obwohl es keine „Prozeßberichtserstattung“ gab und alle Verhandlungen unter Ausschluß der Öffentlichkeit stattfanden. Zudem war auf diese Weise sichergestellt, daß eine oberinstanzliche Überprüfung der Urteile (etwa durch das Reichskammergericht oder die juristischen Fakultäten der Universitäten) von vornherein keine Chancen besaß[56]. So kam es letztlich auch nicht mehr entscheidend darauf an, ob die Hexe nun sich selbst - mit allen Möglichkeiten einer medizinischen Einwirkung der Bestandteile auf ihren Körper - gesalbt oder nur das Fluggerät mit der Salbe eingeschmiert hatte. Wenn aber die Ergebnisse der Prozesse feststanden - sie endeten in der Regel auf dem Scheiterhaufen -, dann konnten sich die Richter mühsame Ursachennachweise wegen bestimmter Salbenzusammensetzungen ersparen, so daß die Prozeßakten hier keine entscheidenenden Hinweise geben, bzw. diese nicht exakt genug herausgearbeitet wurden, weil es auf sie nicht ankam.[57]

Umso mehr haben sich die zeitgenössischen Naturgelehrten und Ärzte um die Rezepte gekümmert und Nachrichten darüber hinterlassen; dabei werden ihre Feststellungen nicht im „luftleeren Raum“ getroffen worden sein, sondern man kann davon ausgehen, daß sie sich ihre Kenntnisse aus dem Kontakt mit Betroffenen und Naturkundigen (Kräuterweiber) verschafft haben.

Werden Salben mit pflanzlichen Auszügen an bestimmten Körperstellen (vaginal, rektal, Achselhöhlen usw.) aufgetragen, so ist die dadurch mögliche Resorption durch die Haut nicht weniger wirksam, als es die Einnahme eines entsprechenden eß- oder trinkbaren Gemisches wäre[58]; ja vielleicht läßt sich die Vemittlung von giftigen Substanzen so noch genauer dosieren und feiner abstimmen, im Interesse der Vemeidung von Unglücksfällen.

Daß Menschen imstande seien zu fliegen, ist ein uralter Aberglaube bei vielen Völkern; die Hexen benötigten dazu - vgl. schon die tessalischen Weiber - das Einreiben mit einer Flugsalbe sowie das Sprechen einer Zauberformel, wie etwa: „Auf und davon, hier oben hinaus und nirgend an.“ oder (in der Eifel): „Hui, über Stecken und Stauden!“, ritten dann auf Ofengabeln, Besenstielen oder auf Böcken, Kälbern, Katzen, Füchsen durch die Luft oder verwandelten sich in Eulen, Störche usw. Der römische Schriftsteller Lucius Apuleius geb. 125 n. Chr. in Numidien, beschreibt in seinem Hauptwerk „Metamorphosen“, auch als „Goldener Esel“ bekannt, wie sich die Hexe Pamphile salbt und in eine Eule verwandelt, was der Held Lucius interessiert heimlich beobachtet:

[56] HAMMES, S. 64f.
[57] HAUSCHILD, S. 364 spricht von einem Verdrängugsprozeß.
[58] GESSNER/ORZECHOWSKI, S. 37

„Zuallererst zieht sich Pamphile fasernackt aus. Nachher schließt sie eine Lade auf, woraus sie verschiedene Büchslein nimmt. Eins von ihnen öffnet sie und holt daraus eine Salbe, die sie solange zwischen beiden Händen reibt, bis sie völlig vergangen ist, alsdann beschmiert sie sich damit von der Ferse bis zum Scheitel."

Schließlich fliegt sie als Eule vom Erker hinaus.[59] Übrigens wird diese - seit der Antike wohl recht bekannt gewordene - Geschichte seinerzeit schon ähnlich von dem griechischen Schriftsteller Lukian (120 bis nach 180 n. Chr. in „Lucius und der Esel" erzählt. Wie sahen nun die Rezepte aus, die die Hexen kennen mußten, wenn sie Flugsalbe bereiten wollten? Der deutsche Arzt und Gegner des Hexenaberglaubens Johannes Weier (auch Weyer oder Wierus genannt, 1515-1588) bezieht sich in seinem Buch „De praestigiis daemonum" (Von Teufelsgespenst, Zauberern und Gifftbereytern, Schwartzkünstlern, Hexen und Vnholden) von 1586 (ursprünglich 1575) auf den zeitgenössischen italienischen Naturforscher Giambattista della Porta (1535-1615), in dessen Buch „Magia naturalis" (1558) im zweiten Band sich die wohl früheste „klassische" Beschreibung einer mittelalterlichen Hexensalbung, mit Rezeptangaben, Handlungsanweisungen und Rauschwirkung, befindet, die auch in späteren Jahrhunderten oft erwähnt und gern zum Vorbild für Selbstversuche wurde.[60] Weier zitiert (S. 192f.):

„Also gar ein grausame/ grosse/ böse/ feindtliche begierd hat etlicher Menschē Hertz mut vnd sinn besessen/ dz sie sich auch deren dingen/ so von natur dem Menschlichen geschlecht zu nutz vnnd frommen erschaffen sind/ schendtlich vn̄ lesterlich mißbrauchē/ auch vnder anderm/ sie durcheinander mischen/ vnnd Hexensalben darauß zubereiten. Vnnd wiewohl die Vnholden selbst viel aberglaubens vnd Apostentzlerey mitlauffen lassen/ so ist es doch gewiß wen̄ anderst einer der sach mit fleiß nachtrachten wil/ daß etwas in der sach/ auß krafft der natur/ seinen fürgang hat/ deshalben will ich etwas/ so ich von jhnen selbst gehört vnnd verstanden/ erzehlen. Sie nemen für das erste feiste von den Kindern/ von welchen/ nach dem sie es in einem Kessel gesotten haben/ das/ so zuletzt sich an den boden setzt/ kalt werden/ vnd gestehen lassen. So denn thun sie darunter Eleoselinum[61], Aconitum[62], frondes populneas[63], fuliginem[64]. Oder aber: Sium[65], Acorum vulgare[66], pentaphyllon[67], vespertilionis sanguineam[68], solanū

---

59 HAERKÖTTER, S. 25

60 DUERR, S. 28f. glaubt zwar, daß Porta dem antiken Vorbild der sich salbenden Hexe bei Lukian aufgesessen sei und keine eigenen Erfahrungen oder Erkenntnisse seiner Zeit zum besten gebe; dagegen spricht – außer dem hervorgehobenen Bekenntnis seines Ringens um die Wahrheit – die Tatsache, daß Porta keine Tierverwandlungen beschreibt und sich seine Darstellung mit derjenigen anderer Zeitgenossen weitgehend deckt.

61 Eppich (Sellerie)

62 Eisenhut

63 Pappelzweige,- die Pappel stand allerdings nach H. Bock 1577, für viele unbekannte Pflanzen der damaligen Zeit (vgl. heute noch: Roßpappel für Malve), dazu DUERR, S. 442

64 Ruß

65 Wassermerk (sium)

66 Kalmus (acorus)

somniferum[69] *& oleum*[70] *vnnd ob sie gleich andere simplicia darzu gebrauchen/ wirdt es doch fast zwey par Hosen eins Thuchs seyn. Ermelte (genannte) stück mischen sie durch einander/ reiben alle glieder jhres Leibs/ damit sie erhitzigen/ vnd die Schweißlöchlein/ so vor von kälte wegen beschlossen/ sich aufſthun/ vnd schmieren sich allenthalben. Sie gebrauchen sich auch dazu öls oder feiste (Fett)/ darmit die krafft vorgemelter Kräuter feuchtigkeit vñ safft dester stärcker vnd gwaltiger hinein dringe. Nach dem sie aber den karren dermaßen gesalbt/ schwüren sie tausend eyd/ sie füren den aller nechsten dahin in postē weiß/ wie ein beschorē schwein/ zu herlichē malzeiten/ Musicspiel/ Täntzen vnnd schönen jungen Knaben/ welche disen alten Mütterlin noch nicht aller dingen erleidet sindt/ kurtzweiliger beywohnunge. Also krefftig ist die Imagination oder einbildunge eines Menschen vnd deren dingen/ so derselben vorschweben/ daß auch die gedächtnis vnd jr Losenment das sie in dem Hirne hat/ deren voll sind. Vnd dieweil die arbeitseligen Weiblin von jnen selbst leichtlich vnd ohne vnderscheidt alle ding glauben/ nemmen sie solche vorfliegende Tauben dermassen an/ daß es also kein wunder ist/ wenn schon die Spiritus in jnen verwandelt werden/ also/ daß sie/ es sey tag oder nacht/ nicht anders sinnen und trachten. Darzu dienen auch nicht vbel/ daß sie mehrertheils Mangoltwurtzen/ Castanien vñ gemüß geleben.*[71] *Als ich nun solchen dingen mit gantzem fleiß ein scharpffes nachgedencken hatt ... ist mir ein alte Vettel an die handt gestossen ... die hat mir freywilliglichen zugesagt vnd versprochen/ sie wölle mir in eyl vber meine fragen guten bescheidt bringen: Heisset derhalben mich vnnd alle die so bey mir waren/ hinauß gehen. Nach dem sie nun außgezogen/ hat sie sich gantz vnd gar/ ich weiß nicht mit was Salben/ geschmieret/ welches vns denn durch ein spältlein der Thüren wol ist zusehen gewest. Also ist sie auß krefftiger wirckung der schlaffendmachenden salben zu boden gefallen/ vñ in ein tieffen schlaff versuncken. Wir aber sindt zugefahren/ die Thür geöffnet/ vnd ir die haut ziemlich erbehrt (geschlagen). Aber so hart hat sie geschlaffen/ daß sie es nicht vmb ein haar empfunden hette. Nach solchem sind wir widerumb hinauß gewichen/ der sachen weiters außwarten wöllen. So bald nun der Salbung krafft nachgelassen/ ist sie einsmals erwachet/ vñ viel seltzamer stemponeyen (Tändelei, unnützes Tun)/ wie sie vber Berg vnnd Thal gefahren sey/ erzehlet. Wir verneineten es/ sie wolt recht haben/ wir wiesen jr die streich/ aber es war verloren/ in summa/ es war bey jr all vnser fürnemmen vnd handeln/ nicht anderst/ den als der in einen kalten Ofen bläst."*

Aus diesem Bericht folgt zunächst, daß sich die Salbe aus einer Kräutermischung und aus einem Fett (organischer Bestandteil) zusammensetzt; beides wird in einem Kessel mit Wasser aufgekocht; was sich danach als Bodensatz im Kessel absetzt, ist die He-

67 Fünffingerkraut (potentilla reptans)

68 Fledermausblut

69 Nachtschatten

70 Öl

71 Interessant der Hinweis, daß „vegetarische Kost" die Wirkung noch erhöhen soll.

xensalbe![72] Bei den angegebenen Kräutern fällt auf, daß in jedem Rezept eine Giftpflanze vertreten ist: mal Eisenhut und mal ein Nachtschattengewächs.[73] Welches Nachtschattengewächs gemeint ist (solanum somniferum = schlafmachender Nachtschatten), erscheint zunächst zweifelhaft, da noch im ausgehenden Mittelalter die Trennung der verschiedenen Solanizeen nicht eindeutig durchgeführt war. Otto Brunfels, der früheste der sog. Väter der Botanik, spricht in seinem Kräuterbuch von 1532 von 4 bis 5 verschiedenen Arten, verweist aber auch - wohl, weil er sich nicht sicher ist - auf Hieronymus von Brunschwyg (etwa 1430 bis 1512), der nur 3 Arten kenne:

Dolwurz (Tollkirsche, atropa), Judenkirsche (physalis) und Nachtschatten (wohl: der gewöhnliche Nachtschatten, solanum). Die mangelnde Klarheit ist schon bei Dioscurides (deutsche Ausgabe 1610), der den deutschen Autoren zumeist als Vorlage diente, vorhanden: er kennt nur „Schlaffbeerlin" (solanum somniferum) und „Doll Kraut" (solanum furiosum). Kiesewetter[74] geht davon aus, daß unter der Bezeichnung „Nachtschatten"' (solanum) in den alten Kräuterbüchern u.a. regelmäßig die Tollkirsche zu verstehen sei, die man früher als solanum furiosum oder manicum bezeichnet habe, während „solanum", das heute die Unkräuter „solanum nigrum" (schwarzer Nachtschatten) und „solanum dulcamara" (Bittersüß) bezeichnet, im Hexenwesen keinerlei Bedeutung habe. Diese Meinung hat einiges für sich, denn die das Alkaloid Solanin enthaltenden beiden letztgenannten Nachtschattengewächse stehen in ihrer Giftigkeit der Tollkirsche sehr nach, zumal die Früchte, jedenfalls bei solanum nigrum, giftfrei sein sollen und die ganze Pflanze in der Antike als Gemüse gegolten hat!

Das Salbenfett mußte möglichst von ungetauften, das heißt: noch im Stande der Erbsünde befindlichen Kindern stammen (die zu diesen Zweck gelegentlich auch schon mal exhumiert werden mußten); dies erleichterte es den Hexen, Gott abzuschwören und mit dem Teufel zu paktieren. Oft wurden daher auch die Hebammen als Hexen verfolgt - in Köln etwa brannte jede vierte von ihnen in den Jahren 1627-1630 auf den Scheiterhaufen! -. hatten sie doch von berufswegen leichten Zugang zu solchen Kindlein. Nach anderen Überlieferungen enthielten die Hexensalben Glieder von zu Brei gekochten Kindern oder nur die Herzen von noch ungetauften Kindern, ggf. auch das Fett von Kröten, welche mit geweihten, heimlich vom Altar entwendeten Hostien gefüttert worden waren, von giftigen Schlangen und Spinnen, die gepulverten Knochen eines Gehängten oder auch das Fett von Fledermäusen, welche am Tag des heiligen Georg (23.4.) aus dem Winterschlaf erwacht waren. Eine weitere wichtige Feststellung, die aus dem von Weier zittierten Bericht folgt, bezieht sich auf den Geschehensablauf: danach fliegt die Hexe nach ihrer Salbung nicht wirklich fort, sondern fällt nur in einen langen, narkoseähnlichen Schlaf, währenddessen sie Traumvisionen erlebt,

---

72 HORST, Bd. 2, S. 204ff.

73 PORTAs „Magia naturalis" erschien – ohne kirchliche Druckerlaubnis – zuerst 1558 in Neapel. Interessant ist, daß in späteren „zensierten" Auflagen (so: Venedig 1560 und Neapel 1589) die Salbenrezepte fehlen! Vgl. DUERR, S. 253

74 KIESEWETTER, S. 573

die nach dem Erwachen noch so präsent sind, daß sie von der Hexe für Tatsachen genommen werden, die man ihr nicht auszureden vermag. Daß die Hexen nicht wirklich flogen, war lange Zeit heftig umstritten; die Hexenrichter jedenfalls gingen davon aus, daß der Flug zum Blocksberg tatsächlich stattfand, und namhafte Gelehrte der Zeit unterstützten sie darin, wenn sie etwa behaupteten, am Hexenflug zu zweifeln wäre gleichbedeutend mit dem Zweifeln am Zeugnis der eigenen Sinne (so der Dominikaner Mozzolino um 1500); wer zweifele, sei nicht nur kein Christ, sondern vor allem ein Dummkopf (Jean Filesac, 1609)[75]. So glaubte etwa Paracelsus, der wandernde Arzt, Alchemist und Astrologe (1493-1541), noch, daß Luftgeister die Hexen beförderten, wie der Wind eine Feder vom Boden hebt und trägt[76]. Allerdings dürfen sie während des Transports nicht sprechen, denn die tragenden Geister sind beständig in der Furcht, den Namen Gottes zu hören. Natürlich kann auch der Böse selbst den Transport durch die Lüfte übernehmen, wie er doch schon nach der Bibel Jesus in die Wüste brachte; ebenso gewisse Tiere (Böcke, Kälber, Katzen, Füchse, vom Teufel geschenkte Kröten, pp.), auf deren Rücken die Hexen durch die Lüfte fliegen. Daß selbst ein so bekannter Mann wie der Volksprediger Geiler von Kaysersberg (1445-1510) sich nicht schlüssig war, ob sie nun fliegen oder nicht, ist einer Ansprache von 1508 zu entnehmen[77], wo er einmal davon spricht, daß der Teufel nur für die Bildung der Hirngespinnste zuständig sei, die bei den menschlichen Wesen die Vorstellung einer Ausfahrt erweckten: zum anderen aber predigt er, der Teufel könne kraft seiner Stärke auch Dinge von einem Ort zum anderen tragen; dies gelte auch für die Hexen, wenn sie ihnen Zauberspruch hergesagt hätten - ohne daß es auf eine Salbe dabei ankäme.[78]

Der Glaube an die Möglichkeit nächtlicher Luftfahrten von Menschen entspricht einem uralten Mythos; bei den Germanen brauste Wodans wütiges Heer in den Rauchnächten über die verschneiten Felder, und aus der Antike kamen die Gestalten der Diana, Hera oder Herodias, die - später vom Teufel abgelöst - die nächtlichen Ausfahrten durch die Lüfte inszenierten, an denen sich die nachtfahrenden Frauen so gern beteiligten. Wie es zu solchen zauberischen Ritten kam, war bei den Gelehrten sehr umstritten; auf die Erklärungsversuche mit Hilfe des den Körper verlassenden Phantastikums und auf die Entrückung, die auch in der griechischen Sage (Ganymed, Menelaus) oder in der Bibel (Henoch, Elias) eine Stütze findet, wurde bereits oben hingewiesen. Der spanische Minorit Alphons de Spina (1459) glaubte nicht an den körperlichen Flug; vielmehr rieben sich die Hexen mit einer mysteriösen Salbe ein und fielen in Schlaf, in welchem ihre Seelen durch den Teufel ergriffen und an die Orte ihrer Wahl gebracht würden, während die schlafenden Leiber vom Teufel wohl unsichtbar gemacht würden[79]. Neben diesem „modernen“ Hinweis finden sich Erklärungsversu-

---

[75] DUERR, S. 236

[76] STAHL, S. 160

[77] DUERR, S. 27; selbst der HEXENHAMMER (Teil 2, Kap. 3) legt sich nicht eindeutig fest.

[78] Daß die Scholastiker den körperlichen Transport behaupten, schon um die Hexen eines realen Delikts zeihen zu können, wurde bereits oben ausgeführt.

[79] HANSEN, S. 460

che mit körperlichen Leiden („zu große Trockenheit und Dünnheit des Blutes“, Konrad von Megenberg im „Buch der Natur“, 1350) oder mit Fieber, Krankheit oder Trunksucht (Albertus Magnus 1200-1280) oder, bei Hans Vintler (1411), durch eine vom Menschen im Traum erzeugte Illusion[80]. So dichtete er, daß man „des guet beweisung hat/ das der leib nicht chumpt von stat (von der Stelle kommt)/ aber sie werden verzucket im Sinn/ das si wänen sie varen da hin/ vnd mit dem bestrickt sie Sathanas/ das sie im gelauben dester pas.“

Einige andere zeitgenössische Berichte zur Hexenausfahrt sollen hier folgen: Der älteste stammt ursprünglich vom dem Wiener Dominikaner und Theologieprofessor Johann Nider (1385-1438), dessen Buch „Formicarius“ (gedr. 1517) von Geiler von Kaysersberg (1445-1510) übersetzt und „Die Emeis“ betitelt wurde in der Fassung eines seiner Schüler, der seine Predigten aufschrieb[81]. Hier heißt es (in heutiges Deutsch übertragen), ein „gewisser Geistlicher“ - in dem der Volksprediger selbst vermutet wird - habe gepredigt,

> *„daß die Hexenfahrt nicht wahrhaft und körperlich, sondern nur in der Phantasie oder wenigstens im Traum vor sich zu gehen pflege, und daß sich deshalb die Hexen einbildeten, sie würden an fremde Orte getragen und sähen, hörten und täten dort allerlei, was sie nachher anderen erzählten und anvertrauten. Eine alte Zaubervettel nahm diese Verachtung ihrer magischen Kunst übel, redete den Geistlichen beim Verlassen der Kirche an und erbot sich, ihm tatsächlich zu beweisen, daß die Hexenfahrt kein Traum sei, wenn er sie nach Hause begleiten wolle. Der Geistliche begleitete sie. Darauf setzte sie sich in einen Backtrog auf eine Bank und salbte sich. Sie schlief bald ein und bewegte sich im Schlaf, warf die Hände in die Höhe, als ob sie fliegen wolle, war sehr unruhig und sprang, als ob sie tanzen wollte. Sie trieb dies eine zeitlang, bis sie aus dem Backtrog, welcher umfiel, auf die Erde herabstürzte. Als sie hier eine Zeitlang gelegen hatte, bewegte sie sich und sprach erwachend: Jetzt hast du mich wirklich fortfliegen und wiederkommen sehen. Jawohl, sagte der Priester, bist du fortgeflogen! Du hast in einem Backtrog liegend geschlafen, bist darauf zur Erde gefallen, wo du eine zeitlang gelegen hast, bis du erwachtest. Berühre den oberen Teil deines Auges, welchen du dir durch den Fall blutig geschlagen hast! So wurde die alte Vettel von ihrem falschen Wahn geheilt, und der Geistliche ging davon, bestärkt in seiner Meinung, daß die Hexenfahrt ein Unding sei.“*

Zum gleichen Ergebnis - imaginäre statt reale Hexenausfahrt (durch Anwendung hypnogener Narkotika, wie man heute diagnostizieren würde) - kommt der Magister des päpstlichen Palastes Batholomäus de Spina, welcher in seinem 1581 gedruckt erschienenen Buch „Novus malleus maleficarum sub quaestione de strigibus“[82] einen Augenzeugen wie folgt zitiert;

---

80 HDA, Bd. 2, Sp. 1665f.

81 KIESEWETTER, S. 570, und DUERR, S. 28, 249, 251

82 Erstmals 1459 veröffentlicht.

„Als eine Hexe in dem dortigen Inquisitionsgefängnis gefangen gehalten wurde, welche bekannte, daß sie oft genug auf der Fahrt gewesen sei, wünschte jener Fürst zu erfahren, ob dies Wahrheit oder vielmehr Einbildung sei. Er ließ den Inquisitor rufen und brachte ihn endlich dahin zu erlauben, daß sich die Hexe in seiner Gegenwart und in der des Hofes mit ihrer gewöhnlichen Salbe salbte, damit sie sähen, ob sie von dem sichtbar oder unsichtbar erscheinenden Teufel durch die Luft auf die Fahrt getragen werde. Als der Inquisitor dies erlaubt hatte, rühmte sie sich vor dem Hof, daß sie auf die Fahrt gehen werde oder vom Teufel davongetragen werden würde, wenn sie sich einsalbe. Sie salbte sich nun gründlich und blieb unbeweglich stehen, ohne daß sich irgend etwas Ungewöhnliches ereignete, wovon noch Augenzeugen leben. Daraus erhellt, daß die Annahme von der körperlichen Hexenfahrt falsch und es ein Betrug das Teufels ist, wenn sie fortgetragen zu werden glauben."

De Spina berichtet weiter über den Fall der Frau eines Notars aus Lugano, die als eine Nachtfahre und Hexe angeklagt war:[83]

„Deren Mann, welcher sie fast für eine Heilige hielt, wurde auf folgende verwunderliche Art betrübt: Durch göttliche Fügung kam er am Morgen des heiligen Karfreitags, als er seine Frau nicht zuhause fand, in den Schweinestall und fand sie dort mit entblößter Scham und kotbedeckt empfindungslos in einem Winkel liegen. Da er sich nun durch Augenschein davon überzeugte, was er vorher nicht hatte glauben wollen, ergriff er sein Schwert und wollte sie töten. Aber er faßte sich und beschloß, das Ende abzuwarten. Nach kurzer Zeit kam sie zu sich und fiel ihrem Mann, als sie sah, daß er sie töten wollte, zu Füßen, bat ihn um Verzeihung und gestand, daß sie diese Nacht auf der Fahrt gewesen sei usw. Als der Mann dies gehört hatte, klagte er sie beim Inquisitor an, damit sie dem Feuer überantwortet würde. Als man sie nun aber suchte, fand man sie nirgends und entdeckte schließlich, daß sie sich in den See gestürzt hatte."

Johann Georg Gödelmann, Rostocker Rechtsgelehrter und späterer Hofrat zu Dresden, erzählt in seinem „Tractatus de magis" von 1584 (deutsch 1592) den Fall eines Edelmannes zu Magdeburg, der mit seiner Magd das folgende Erlebnis hatte:

„Dieselbe hatte ihm lang und treu gedient, war aber zuletzt von anderen der Zauberei und Blocksbergfahrt angeklagt worden. Von Ihrem Herren deshalb zur Rede gestellt, gestand sie ihm, daß sie durchaus die nächste Nacht auf den Brocken müsse. Der Edelmann nahm den Pfarrer und andere zu Zeugen und bewachte sie während der Nacht aufs sorgfältigste. Nachdem sie sich gesalbt hatte, verfiel sie in einen so tiefen Schlaf, das sie weder in der Nacht noch am darauffolgenden Tag aufgeweckt werden konnte. Als sie endlich wieder zu sich gekommen war, ließ sie sich nicht ausreden, daß sie wirklich auf dem Blocksberg zum Tanz gewesen sei."

[83] KIESEWETTER, S. 573ff.

Auch andere Zeitzeugen erwähnen die Schlafstarre der gesalbten Hexen, verbunden mit dämonischen und visionären Erfahrungen, die allerdings bei den Berichten oft herabgespielt werden oder im Dunkeln bleiben, vielleicht, weil sie von den „Hexen“ selbst aus guten Gründen nicht groß herausposaunt werden mochten.

Der lothringische Geheimrat und Hexenrichter Nicolaus Remigius schildert in seinem dreibändigen Werk „Daemonolatriae“ (1594) den „steinharten“ Schlaf der Hexen nach der Salbung, in welchem sie glauben, durch weite Lande zu fahren und darin Paläste, Säle, Lustgärten, Brunnen usw. zu erblicken. Wenn ihnen vom Hexenrichter im Prozeß aufgegeben würde, sich zu salben, so zeigten sie danach, etwa auf einem Stuhle sitzend, heftige Bewegungen, wie wenn sie ritten oder einem Pferd die Sporen gäben. Wieder aufgewacht machten sie einen stark ermüdeten Eindruck, fühlten sich zerschlagen, wüßten jedoch Wunderdinge zu erzählen.

Die völlige Unempfindlichkeit während des narkoseähnlichen Schlafstadiums beschreibt auch der französische Kronanwalt Jean Bodin (1530-1596) in seinem Buch „De magorum daemonomaniae“ (1591), dessen übersetzter Titel lautet: „Vom ausgelassenen wütigen Teufelsheer der bessessenen unsinnigen Hexen und Hexenmeister, Unholden, Teufelsbeschwörer, Wahrsager, Schwarzkünstler, Vergifter, Nestelverknüpfer, Nachtschädiger und aller anderen Zauberer Geschlecht.“ Er berichtet einen Fall, in welchem eine Frau in der Dauphiné in Extase fiel und am Feuer liegenblieb. Obwohl der Hausherr, bei welchem sie angestellt war, sie nun heftig mit einer Rute schlug und Feuer an die empfindlichen Teile Ihres Körpers brachte, erwachte sie nicht, so daß man sie für tot hielt und fortschaffte. Als sie jedoch am anderen Tage wieder zu sich gekommen war, beklagte sie sich über die geschehenen Mißhandlungen. Da nun die Vermutung nahelag, daß sie eine Hexe sei, fragte sie der Herr solange aus, bis sie die Wahrheit gestand: daß sie auf dem Hexensabbat gewesen sei und „noch mehr Bosheiten“ begangen habe, worauf sie verbrannt wurde.

In einem anderen von Bodin dargestellten Fall bietet eine der Zauberei verdächtigte Frau dem Richter an, die Ausfahrt zum Sabbat zu wiederholen, wenn er sie nach Hause entlassen und gestatten würde, daß sie sich salbe. Der Richter stimmt zu, und die Frau salbt sich mit einer stinkenden Schmiere, legt sich nieder und schläft sofort ein. Der Richter läßt sie im Bett festbinden, schlagen, stechen und brennen, ohne daß dies ihren ohnmachtähnlichen Schlaf gestört hätte. Am anderen Tag mit Mühe aufgeweckt, erzählt sie, sie sei tatsächlich auf dem Sabbat gewesen; die ihr zugefügten Schmerzen hatten jedoch an gewissen Stellen ihrer Erlebnisse negative Einflüsse ausgelöst.

Noch Anfang des vorigen Jahrhunderts heißt es von einer Hexe aus der Steiermark[84], sie

> *„schmiert sich eilfertig an allen heimlichen Orten, dreht sich mit wüthenden Geberden eine Zeit lang im Kreis herum und fällt endlich unter konvulsivischen*

[84] Zit. nach DUERR, S. 252

Zuckungen zu Boden. Nach einem halbstündigen Hinstarren erwacht sie ermattet und abgespannt und behauptet: daß sie soeben am Scheckelberge auf der Hexengesellschaft gewesen sey.“

Eine besondere Nuance der Hexenausfahrt besteht darin, daß einige Hexen offenbar in der Lage waren, nach der Salbung fremde Orte weitab vom Ort ihrer Salbung aufzusuchen und dort Dinge zu erfahren (oder mitzubringen), deren Kenntnis zu erlangen auf natürlichem Wege Tage oder Wochen in Anspruch genommen haben dürfte. So berichtet der bereits erwähnte Bodin von einer Frau, die an einem anderen Ort gesehen wurde, obwohl ihr Leib währenddessen in Schlafstarre zu Hause geblieben war[85]:

„Alsbald rib sie sich also gantz Nackend mit einer sondern Salb. Darauff fuhr sie gleichsam Todt ohn allfühlnuß dahin. Nach fünff Stunden / als sie wider zu jhr selber kam vnnd auffstund / erzehlet sie frembde Händel / so an vnderschidenen Orten vnnd Enden sich hatten verloffen: auch also wahrhafft befundē worden.“

Der Gedanke einer zauberischen Seelenexkursion[86] entspricht - wie leztlich auch das Modell der Hexenausfahrt selbst - uraltem heidnisch-mythologischen Gedankengut; so konnten etwa nach altgermanischer Auffassung die seelischen Kräfte eines Recken in Tiergestalt (z.B. als Bär) den daheim zurückgelassenen Körper verlassen und selbständig in den Kampf ziehen[87]; auch die Vorstellung von einer Verwandlung in einen Werwolf oder der Gedanke des Mahrtenritts (wo eine Person in einen Nachtmahr verwandelt wird) sind häufig mit Doppelgängertum verbunden und gehören hierher. Und noch Paracelsus glaubte daran, daß der eigene, den Körper verlassende Geist eines Menschen seinen Gegner verwunden und auch töten könne[88].[89]

Wenn demnach in den Hexensalben soviel Kraft verborgen ist, daß man herrliche Traumvisionen und sogar telekinetische Erlebnisse der gleichzeitigen Anwesenheit an verschiedenen Orten erfahren kann, dann ist es erforderlich, nochmals die überlieferten Hinweise nach genauen Rezeptangaben zu durchleuchten und die Wirkweise der verwendeten Extrakte näher zu ergründen. Dabei lassen sich durchaus unspektakuläre Feststellungen treffen, beispielsweise, was das für alle Rauscherlebnisse typische Fliegenkönnen anbelangt; so etwa bemerkte der englische Pharmakologe A.C. Clark, nachdem er einige Salbenrezepte untersucht hatte, schon 1921: „Unregelmäßiger Herzschlag beim Einschlafen erzeugt das allseits bekannte Gefühl des jähen Fallens durch den Raum, und es erscheint durchaus möglich, daß eine Kombination aus ei-

---

[85] Zit. nach DUERR, S. 251; vgl. dazu auch oben den Hinweis auf die Lehre Augustins vom „Phantasticum“ (der etwa als Doppelgänger ausgesandten eigenen Seele).

[86] Vgl. unseren Ausdruck „aus der Haut fahren“.

[87] HASENFRATZ, S. 67, 96 (Kampfekstase in Berserker-Wut!); auch die Raben, die dem Gott Odin Kundschaft bringen über die Geschehnisse der Welt, sind „Seelen-Vögel“,- seine auf Wanderschaft geschickte Exkursionsseele.

[88] STAHL, S. 123

[89] Die moderne Esoterik greift denselben Begriff auf als „Astralreise„ des „Astralkörpers“; dieser feinstoffliche, zweite Körper des Menschen kann im Traum oder durch bewußt herbeigeführte Trance den physischen Körper verlassen; Telekinese oder Nahtod-Erlebnisse werden so erklärbarer. Vgl. ROBERTS, S. 83f.

nem Halluzinogen, wie zum Beispiel Belladonna, und einer Droge, die unregelmäßigen Herzschlag zu erzeugen vermag, wie z.B. das Aconitin (des Eisenhutes), das Gefühl des Fliegens hervorbringen kann.“[90]

Forscht man in den alten Quellen nach weiteren Rezepten, so läßt sich der schon erwähnte Johannes Weier nochmals anführen, zitiert er doch auch den italienischen Arzt und Gelehrten Geronimo Cardano (Hieronymus Cardanus, 1501-1576) mit seinem Werk „De subtilitate rerum“ (1550) mit folgenden Worten (S. 193):

> *„... von einer Salbe die erst beschriebener nicht vnehnlich ist/ welche soll der krafft vnnd wirckung seyn/ daß man durch sie wunderbarliche ding ersehen mag. Denn er an angezogem ort von denen dingen/ so in der warheit nicht sind/ vnnd aber als ob sie etwas weren sich ansehen lassen/ sprach haltet. Solche wirdt zubereitet auß Kinderfeiste[91] wie sie sagen/ vñ Eppichsafft[92]/ Wolffskraut[93]/ Tormentill[94]/ Solano[95]/ vnnd Ruß. Jedoch helt man sie schlaffen/ weil sie solche sachen sehen. Die ding aber/ ob welchen sie jre augen verweitern/ sind mehrertheils Spielhäuser/ grüne Lustplätz/ herrliche Malzeiten/ viel vnd mancherley gezierde/ hüpsche kleider/ schöne Jüngling/ Könige/ Oberherrn/ ja alles daß darnach jnen bang vñ watz ist/ sie vermeinen auch nicht anders/ denn daß sie solcher kurtzweil vnnd wollusts gemessen vnd gefreuwet werden. Sie sehen aber neben dem auch Teuffel/ Raben/ Kercker/ Einödinen/ vnd deß Henkers oder Volterers gauckelsack.“*

Anschließend gibt Weier noch zwei eigene Rezepthinweise, ohne jedoch zu verhehlen, daß er sie ungern bekanntgebe und stärkere Mixturen lieber verschweigen möchte, damit kein Mißbrauch damit getrieben werde. Er berichtet (S. 194):

> *„Ich möchte auch selbst ein öl/ so diesem nit gar vnehnlich/ vnnd einen tieffen lang wirigen Schlaff zuerwecken tüglich/ anziehen.*
>
> *Rec.semin.lolij, hyosciami, cicutae, papaueris rubei & nigri, lactucae, portulacae, ana part. iiij. baccarum solani somnifici part. 1. Ex his omnib. fiat oleum secundum artis legem, & pro qualibet vncia istius olei misceatur scrup. 1. opij Thebaici. Hinc sumatur scrup. 1. vel. 1. S. & duorum dierum subsequetur somnus.*[96]

---

90 Zit. nach A.H. HANSEN, S. 99f.

91 Kinderfett

92 Selleriesaft

93 Eisenhut (aconitum), ggf. aber auch: Osterluzei (aristolochia).

94 Blutwurz (potentilla tormentilla), oder: Fünffingerkraut (potentilla reptans).

95 Nachtschatten

96 Man nehme Samen von Taumellolch, Bilsenkraut, Schierling, rotem und schwarzem Mohn, Portulak, vier Teile von jedem; ein Teil Nachtschattenbeeren; hieraus wird ein Öl bereitet und zu je einer Unze (28 g) desselben 1 Skrupel (1,14 g) Opium gemischt. Hiervon anderthalb Skrupel (1,7 g) genommen, schläft man 2 Tage lang.

Ich wüste noch ein andern liquorum anzugeben/ welcher so starck und krefftig ist/ daß so mancher tropff darvon eingenommen wirdt/ so manche stundt man darauff schlaffen muß/ aber es bedünckt mich besser seyn/ daß es nicht jederman kundtbar werde. Es werden auch gleicher gestalt etliche simplicia/ als lolium, faba inuersa, opium, hyosciamus, cicuta, papaueris species, solanum furiosum somnificum, mandragora, nymhea, vnnd andere mehr[97]*/ den erkündigern natürlicher heimligkeiten nicht vnbekannt/ gefunden/ durch welche der verstandt deß Menschen entweders gar genommen/ oder zum minsten gantz vnrühig wirdt/ also/ daß der jenige/ so sich jren gebraucht in reden/ hören/ antworten/ taub vnnd vnsinnig scheinet/ oder auff ein tag etlich in einen tieffen schlaff versinckt. Wie man aber solche vff mancherley gattunge zubereiten vnd gebrauchen solle/ bedünckt mich besser seyn/ damit niemand sie zu mißbrauchen ein anlaß habe/ zuuerhalten. Denn mir jeder vrsprung alles guten ein solcher sinn auß gnaden verliehen hat/ daß ich in allem meinem fürnemen gern/ so viel irgends möglich/ menniglichen dienen/ vnd niemands schädigen wölte."*

Sowohl bei Cardano wie auch bei Weier tauchen in den Rezepturen der Salbe oder des Öls wieder Giftpflanzen auf; bei Cardano der schon bekannte Nachtschatten und Eisenhut, bei Weier Lolch, Bilsenkraut, Schierling, Nachtschattenbeeren, Mandragora (Alraune), und Seerose, so daß es bei dem letzteren Autor nicht entscheidend darauf ankommt, ob er seine Mischung nun als „Schlafmittel" oder als eine Art „Wahnsinnsdroge" deklariert.[98] Unger berichtet über Selbstversuche mit solcher Salbe - Kinderfett durch Schweinefett ersetzt, wie Kiesewetter glaubt! - welche festen, tiefen Schlaf und die seltsamsten angenehmen wie auch „die fürchterlichsten" Traumbilder hervorrief.

Andrés des Laguna (1499-1560), Leibarzt den Papstes Julius III., untersuchte im Jahre 1545 einen Topf mit grüner Salbe, den man einer Frau und einem Mann aus der Nähe von Nantes, die der Zauberei verdächtigt waren, fortgenommen hatte. Er fand nach Überprüfung darin Extrakte von Schierling, Nachtschatten, Mandragora, Bilsenkraut, und weiteren Pflanzen. Dadurch neugierig gemacht, probierte er die Salbe an der Frau des ortsansässigen Henkers aus (Henker galten im Mittelalter wegen ihres anrüchigen Gewerbes als „unehrliche Leute", so daß die Henkersfrau sich als Versuchskaninchen anbot!); diese schlief daraufhin ununterbrochen 36 Stunden lang und konnte selbst dann nur unter Anwendung starker Mittel (Schröpfköpfe u.a.) aufgeweckt werden. Nach ihrem Erwachen beschwerte sie sich bitter, man habe sie gerade aus den Armen eines schönen jungen Mannes gerissen.

Jean de Nynauld beschreibt 1596 drei Sorten von Salben[99]: die erste läßt einen glauben, daß man in die Lüfte gehoben werde (die sog. Levitation der Kirche!); mit Hilfe der zweiten fliegt die Hexe mit Teufelshilfe zum Sabbat, und mit der dritten verwan-

---

[97] Taumellolch, Tollkirsche, Opium, Bilsenkraut, Schierling, eine Mohnsorte, wilder Schlaf-Nachtschatten, Alraune, Seerose; faba inuersa „welches gewechs die Italiener bella donna nennen" (WEIER, S. 194) ist die Tollkirsche, vgl. auch DUERR, S. 441

[98] UNGER, Seite 47

[99] DUERR, „Können Hexen fliegen" S. 76

delt man sich in einen Werwolf. Johannes Valvasor erwähnt 1689 die Bestandteile einer Krainer Hexensalbe, die auf das Weib wirkt, „daß sie vermeynet, sie sei geflogen" und träume von „lauter Tanzen, Fressen, Saufen, Musik und dergleichen": Fünffingerkraut (potentilla), Tollkirsche, Wassermerk (sium), Eppich (apium, Sellerie), Eisenhut und Ackerwurtz (Kalmus, acorus calamus)[100]. Paracelsus (1493-1541) nennt zum einen: Kinderfett, Mohn, Nachtschatten, Cichorie (Wegwarte, cichorium intybus) und Schierling, und an anderer Stelle: Kinderhackfleisch, Mohn, Judenkirsche (physalis alkekengi) und Schierling[101]. Der englische Philosoph Francis Bacon (1626) erwähnt: Bilse, Schierling, Alraune, Tabak und Opium[102]; Alraune wird auch von Pierre de Lancre (1630) genannt. Francesko-Maria Guazzo empfiehlt 1626: Tollkirsche, Taumellolch, Mandragora, Bibergeil und Mohn und J.C. Frommann 1675: Opium, crocus, storax (ein asiatisches Räucher- und Arzneimittel), vinum (Wein), cicuta (Schierling) und coriander (eine bereits in der Antike bekannte Gewürz- und Liebesmittel-Pflanze). M.J. Prätorius beruft sich 1668 auf Mohn, Nachtschatten, Sonnenwendel (Beifuß, artemisia), Schierling und weitere Kräuter; Bilsenkraut- und Napellenkraut (blauer Eisenhut) erwähnt J.S. Halle (1784) und J.F. Rübel berichtet 1758 wie folgt:[103]

> *„Von der Hexensalbe muß ich noch was gedenken: Es besteht aber dieselbe laut der Parlements Acte aus folgenden Stücken: als aus der Alraun-Wurzel, weissen Bilsen Saamen; dem Taubkorn oder Mäusekorn Saamen; dem Schierling; aus den Nachtschatten Beern; aus Tachs- und Fuchs-Schmalz, mit Mag-Saamen-Saft vermischt."*

Abschließend muß noch einmal auf Porta Bezug genommen werden: Als Mittel bei festlichen Gelegenheiten, Menschen für einen Tag zur Belustigung der anderen „verrückt" zu machen, empfiehlt er die Solanazeen Mandragora Stechapfel und Tollkirsche und erwähnt noch, daß den solcherart Berauschten auch leicht einzureden sei, sie wären in Tiere verwandelt, könnten also etwa schwimmen wie die Fische, Flügelschlagen wie Gänse oder mit den Hörnern stoßen wie Stiere.[104]

Der französische Arzt Jean de Nynauld, der schon oben erwähnt wurde, nennt in seinen Werk von 1591 „de la lycantropie, transformation et extase des sorciers" u.a. Tollkirschenwurzel, Eisenhut, Fünffingerkraut, Kalmus, Petersilie, Pappelblätter, Opium, Bilsenkraut und Schierling[105],.

Durchleuchtet man die Rezeptangaben der „klassischen" Gelehrten Porta, Weier, Cardano und Nynauld auf die Häufigkeit der Erwähnung bestimmter Pflanzen, dann

[100] DUERR, S. 19
[101] KIESEWETTER, S. 597; HAMMES, S. 64, leider ohne Zitat.
[102] H.A. HANSEN, S. 87
[103] Zit. nach DUERR, S. 226
[104] FÜHNER, S. 284, und UNGER, S. 55f. beschreibt Aussagen von 1689 über Verwandlungen zu Habichten, Raben und Störchen.
[105] DUERR, S. 227

ergibt sich die folgende Staffelung[106], nicht-pflanzliche wichtige Bestandteile mitgezählt: 8 mal tauchen Tollkirsche und Fünffingerkraut auf, 7 mal Eisenhut und Ruß[107], 6 mal Kinderfett, je 5 mal Fledermausblut und Wasserschirling, 4 mal Mohn, Pappeln und Öl, 3 mal Sellerie, Kalmus, Lolch, Bilsenkraut, und gefleckter Schierling, 2 mal Merk(sium), Wasserschwertlilie, schwarzer Nachtschatten und Lattich (lactuca) und je einmal Seerose (nymphaea), Alraune, Blutwurz, Stechapfel, Wolfsmilch, Portulak und Weihrauch. Diese Schwerpunkte verschieben sich jedoch sofort, wenn man die anderen, teils weniger bekannten Autoren mit hinzunimmt. Viele der benannten Pflanzen standen auch im Ruf, die Liebesfähigkeit zu steigern; andere wie Schierling, Seerose oder Lattich wirkten in die entgegengesetzte Richtung (Anaphrodisiaca). Schwierigkeiten macht oft die in den alten Rezepten angegebene Bezeichnung einer Pflanze, die - vor der Zeit der Klassifizierung durch Carl von Linné (1707-1778) - mitunter wechselt und mal diese, mal jene Gattung bezeichnet. So etwa wird „mandragora" für Alraune und Tollkirsche verwendet; „solanum" für Tollkirsche und Nachtschatten; „circuta" und „conium" wechselnd für beide Schierlingsarten,[108] und „populus", Pappel, muß keineswegs den Baum bezeichnen, wie schon der Name „Roßpappel" für die Malve zeigt.

Erstaunlich scheint, daß es offenbar bei den „Hexen" trotz teilweise hochgiftiger Bestandteile in den Salben nie zu Todesfällen gekommen ist; die Autoren berichten jedenfalls übereinstimmend vom Wiederaufwachen nach der „Ausfahrt". Vielleicht liegt es wirklich in der „in der Welt einmaligen Technik, eine toxische Ekstase zu erzeugen, in der ganz bestimmte Erfahrungswerte durch eine kunstvolle psychopharmakologisch wirksame Mischung hervorgerufen werden."[109]

Kein Rezept für eine Salbe, aber für ein „Teufelsmus" mit genauer Dosierungsangabe hat uns Stanislas de Guaita in seinem „Electuarium satanicum" hinterlassen[110]:

> *„3 g Önanthol (ein alkoholähnlicher Stoff), 50 g Opiumextrakt, 30g Extrakt aus schwarzer Betelnuß (einer schon in der altindischen Medizin bekannten Genußpflamze), 6 g Fünffingerkrautextrakt, 15 g Tollkirschenextrakt, 15 g Bilsenkrautextrakt, 15 g Schierlingsextrakt, 250 g fetter Extrakt aus indische Hanf (Haschisch), 5 g Extrakt aus „spanischer Fliege" (Aphrodisiatikum), ferner Tragantgummi (als Bindemittel, aus Pflanzen der Gattung Astragulus, vgl. z.B. die Bärenschote) und Puderzucker."*

Diese Latwerge (d.i. eine brei- oder musartige Arznei, lat. Electuarium) soll für elf „Reisen" ausreichen - eine sicher nicht ganz ungefährliche Sache, wenn man einmal überlegt, daß allein die Pro-Kopf-Dosis des Schierlings (1,4 g) leicht an die für den

[106] H.A. HANSEN, S. 89: Querschnitt aus 16 Rezepten.
[107] Zur Tarnung? Zum Maskieren? Vgl. BIEDERMANN, S. 84 und 88
[108] H.A. HANSEN, S. 90f.
[109] H.A. HANSEN, S. 96, m.w.N.
[110] Zusammengest. von Jacques Bergier (1964), zit. nach SCHMIDBAUER/SCHEIDT, S. 173

Menschen letale Dosis (14-28 g Früchte; in der Frucht 0,7% Coniin, davon 0,5 bis 1 g tödlich!) herankommen kann, wenn der Extrakt kräftig genug ist.

Hexentränke treten gegenüber Salben in der Bedeutung zurück,[111] und man muß suchen, wenn man ein einschlägiges Misch-Rezept entdecken will. Ein klassisches Zitat dazu finden wir in Shakespeares Drama „Macbeth" im 4. Akt, wo im Herdkessel der Hexen nach genauer Vorschrift ein Zaubertrank gebraut wird, sicherlich in dichterischer Freiheit, aber wahrscheinlich auch unter Einbeziehung dessen, was damals über solche Dinge in Brauch und Überlieferung präsent war:

„Um den Kessel dreht euch rund,
werft das Gift in seinen Schlund.
Kröte, die im kalten Stein
Tag und Nächte, dreimal neun,
zähen Schleim im Schlaf gegoren,
soll zuerst im Kessel schmoren...
Sumpf'ger Schlange Schweif und Kopf
brat und koch im Zaubertopf:
Molchesaug und Unkenzehe,
Hundemaul und Hirn der Krähe;
zäher Saft des Bilsenkrauts,
Eidechsbein und Flaum vom Kauz...
Wolfeszahn und Kamm des Drachen,
Hexenmumie, Gaum und Rachen
Aus des Haifisch scharfem Schlund;
Schierlingswurz aus finsterm Grund;
Auch des Lästerjuden Lunge,
Türkennas und Tartarzunge;
Eibenreis, vom Stamm gerissen
In des Mondes Finsternissen;
Hand des neugebornen Knaben,
den die Metz erwürgt im Graben...
Abgekühlt mit Paviansblut,
wird der Zauber stark und gut."[112]

Daß es ab zu auch Hexen gab, die sich mit Hilfe eines selbstgebrauten Zaubertranks in die Lüfte schwangen, beschreibt der pietistische Schriftsteller und Arzt Johann Heinrich Jung-Stilling (1740-1817) in seiner „Theorie der Geisterkunde" (1808), wo er berichtet:

„Eine alte Frau saß gefangen, wurde gefoltert und gestand alles, was man sonst den Hexen zur Last zu legen pflegt; unter anderem zeigte sie auch eine Nachbarin an, welche in der letzten Walpurgisnacht auf dem Brocken gewesen sei. Diese Frau wurde gerufen, und man fragte sie, ob das wahr sei, was die Gefangene von

---

[111] Dies gilt ebenso für Latwergen, Pulver, Räucherwerk u.a.

[112] Die verschiedenen deutschen Fassungen weichen teilweise untereinander und von der englischen Originalfassung so erheblich ab, daß sie kaum noch als Übersetzung angesprochen werden können.

ihr sage. Hierauf erzählte sie, sie sei am Abend vor der Walpurgisnacht zu dieser Frau gekommen, weil sie etwas zu reden gehabt habe. Beim Eintritt in die Küche habe sie die Gefangene mit dem Kochen eines Kräutertranks beschäftigt gefunden. Auf die Frage, was sie da koche, habe jene lächelnd und geheimnisvoll gefragt: Willst du diese Nacht mit auf den Brocken? Aus Neugierde und um hinter die Sache zu kommen, habe sie geantwortet; Ja, ich will wohl! Hierauf hätte die Gefangene eine Weile vieles vom Schmaus, vom Tanz und vom großen Bock geschwatzt, hätte dann von dem Kräutertrank getrunken und ihn ihr auch dargeboten mit den Worten: Da, trink rechtschaffen, damit du durch die Luft wohl fortkommst! Sie hätte auch das Töpfchen an den Mund gesetzt, und so getan, als trinke sie, aber sie hätte keinen Tropfen gekostet. Während dem habe die Gefangene eine Ofengabel zwischen ihre Beine genommen und sich auf den Herd gestellt; bald aber sei sie niedergesunken, habe angefangen zu schlafen und zu schnarchen; nachdem sie nun eine Weile zugesehen, sei ihr langweilig geworden, und sie sei nach Hause gegangen. Am anderen Morgen sei die Gefangene zu ihr gekommen und habe sie gefragt: Nun, wie hat es dir auf dem Brocken gefallen? Gelt, das war herrlich? Darauf habe sie herzlich gelacht und ihr gesagt, sie habe nichts von dem Trank getrunken, und auch sie - die Gefangene - sei nicht auf dem Blocksberg gewesen, sondern sie habe mit ihrer Ofengabel auf dem Herde geschlafen. Hierauf sei die Frau ärgerlich geworden und habe ihr zugeredet, sie solle doch nicht leugnen, sie habe ja auf dem Brocken mit ihr gegessen und den Bock geküßt".

Mit den Zauberpflanzen konnten schließlich auch Räucherungen durchgeführt werden, indem man diese in die Räucherpfanne des Herdfeuers warf und die Dämpfe einatmete - eine Form der Narkotisierung, die auch nur eine untergeordnete Rolle spielte. Das Räucherpulver, welches ebenfalls in der Regel auch Bilsenkraut, „Nachtschatten", Mandragora und Schierling enthielt, wurde in der europäischen Magie im wesentlichen nur zu nekromantischen Zwecken (d.h. bei der Beschwörung von Geistern oder Toten) gebraucht[113]. So erwähnt der Arzt und Philosoph Agrippa von Nettesheim (1486-1535) ein Rezept: den Rauch von Koriander, Eppich (Sellerie), Bilsenkraut und Schierling, mit dem man erreichen kann, daß sich alle Dämonen augenblicklich am Ort der Räucherung versammeln. Über die intensivere Form der Räucherung - das Rauchen berauschender Substrate (wie etwa die sogenannte Asthmazigarette) - wird später gesprochen werden.

Vergleicht man die überlieferten Rezepte, so fällt auf, daß fast an allen Nachtschattengewächse (Bilsenkraut, Tollkirsche, Mandragora, Stechapfel, Judenkirsche) beteiligt sind - der Stechapfel nur im geringerem Maße, da er erst später in Europa heimisch wurde[114]. Die vier erstgenannten enthalten die Gifte Hyoscyamin, Atropin, und

---

[113] GESSMANN, S. 145f.

[114] Im 16. Und 17. Jahrhundert wird er etwa bei den Kräuterkundlern Hieronymus Bock, Matthiolus, Frh. von Hohberg und Joh. Joachim Becher erwähnt; FÜHNER, S. 285 glaubt, daß er in späterer Zeit als Hexen-Genußmittel stets zu Tollkirsche und Bilsenkraut dazugetreten ist. Vgl. auch: HAUSCHILD, S. 361, PEUKERT, S. 173 und UNGER, S. 38, 47

Scopolamin, welche - wie noch zu zeigen sein wird - Rauschzustände verursachen können. Weiterhin werden häufig die Giftpflanzen Schierling (cicuta), Eisenhut (aconitum) und Taumellolch (lolium) verwendet; dabei ist das Akonit des Eisenhutes in der Lage, die oft in den Quellen beschriebene Sinnestäuschung einer Verwandlung in Tiere (Eulen, Hasen, Katzen, Gänse usw.) zu erklären; auch wer sich in einen reißenden Werwolf verwandeln wollte, mußte sich in der Regel vorher salben[115].

Weniger verbreitet sind Mohnsorten bzw. das daraus hergestellte Opium sowie der indische Hanf. Schließlich gibt es noch eine Reihe „ergänzender“ Salbenkräuter: teils giftige wie Nieswurz, Attich oder Rainfarn, zumeist aber ungiftige wie Fünffingerkraut, Faulbaumsaft, Sellerie, Farn-“Samen“, Eisenkraut, Raute u.a.[116]

Wenn Pflanzen mit halluzinogenen, psychotropen Wirkstoffen in den Kräutersalben der Hexen überwogen, so mußte das seinen Grund haben. Wer sich eine „Traumreise“ wünschte, mußte mit der Wirklichkeit unzufrieden sein. Die Frauen der „Hexenzeit“ waren zwar zahlenmäßig den - durch Kriege immer wieder dezimierten - Männern überlegen, galten jedoch, wie im Hexenhammer ausgeführt, als minderwertig dem Mann gegenüber und hatten eigentlich nur die Funktion, als Gebärerin für Nachwuchs zu sorgen. In einer rechtlich von den Männern - und dazu noch weitgehend von Männern der Kirche - dominierten Gesellschaft hatte die Frau, besonders in den weniger gut situierten Schichten, einen schweren Stand; nun aber kam hinzu, daß man sie für alle Übel der Gesellschaft verantwortlich machte, seit 1404 der Dominikaner Silvestro Mozzolino berechnet hatte, daß von nun an die Hexen damit begonnen hätten, die Welt heimzusuchen. Überwiegend Frauen waren es, die mit dem Teufel Unzucht trieben, und schon das Alte Testament (2. Mose 22,18) hatte dazu aufgerufen, keine Hexe am Leben zu lassen. Frauen standen, indem sie viel vom Kräuterwesen, von Krankheiten und Liebeszauber verstanden, der Natur näher als der Mann, aber die Kräfte der Natur waren der Feind das frommen Asketen. Frauen waren auch der Kübel des sündhaften Lustgefühls, und der Staatsrechtler Jean Bodin (1530-1596) verwies sie auf einen unteren Platz zwischen Mann und Tier[117]. Solcherart zur Randgruppe degradiert und häufig genug wirtschaftlich aufs Existenzminimum fixiert, halfen ihnen die seit Generationen überlieferten und weitergegebenen Kenntnisse der Kräuterkunde, ihre unausgelebten Träume von festlichen Gelagen, sexuellen Abenteuern und Reisen zu anderem Orten mit Hilfe hypnogener Rauscherfahrungen zu realisieren, indem sie die Wirkung von Nachtschattengewächsen und anderen Giftkräutern - wohldosierbar über die Haut und nicht als totbringender Trank - auf sich wirken ließen, ein „Genußmittel des armen Volkes, dem kostspieligere Genüsse versagt waren“.[118]

---

[115] FÜHNER, S. 287

[116] WEUSTENFELD, Zauberkräuter S. 29ff.

[117] HAMMES, S. 67

[118] FÜHNER, S. 286. BIEDERMANN (S. 77,86,121) sieht die Hexen im Zusammenhang mit einem vorchristlichen Fruchtbarkeitskult, wobei die altgewordnene Frauen zum Rauschmittel greifen, um in der Extase mithalten zu können; PEUCKERT (in: BAJORA, S. 312) sieht die sexuelle Not der älter gewordenen Frau allgemein als Beweggrund, eine Hexenrolle zu übernehmen.-

Lassen sich die Rauscherlebnisse der Hexen auch heute noch wiederholen? Wie kann man in ihre Welt eindringen, und welcherart ist der Hexensabbat, der sich dann vor dem Beschauer öffnet?

Seit der Zeit der Hexenprozesse versuchen Naturwissenschaftler, Volkskundler und Toxikologen, mehr oder weniger mutig, die alten Hexenrezepte nachzustellen und an sich selbst auszuprobieren. Schon im Jahre 1590 erwähnt H. Boguet[119], daß Leute, die keine Hexen gewesen seien, nach einer Salbung aus dem Kamin geflogen seien, was auf frühe Selbstversuche hindeutet. Von dem französischen Naturforscher und Philosophen Pierre Gassendi[120] (1592-1655) ist bekannt, daß er Selbstversuche mit Einreibungen von Nachtschattenextrakten anstellte, um dem Geheimnis der Hexenausfahrt auf die Spur zu kommen. Allerdings war er - wie vermutlich viele andere Gelehrte seiner Zeit - nicht frei von Ängstlichkeit, denn bei der Beobachtung eine Schäfers, der ein „bestimmtes Mittel" zu sich nahm, tat er so, als wenn er es gleichfalls einnehme. Als der Schäfer, der im Traum „tausenderlei Narrheiten" geredet hatte, nach 4 bis 5 Stunden erwachte, beglückwünschte er den nichtsahnenden Gassendi, der neben ihm am Kamin lag, zu der guten Aufnahme, die dieser gleich beim erstenmal beim Bock gefunden habe. Gassendi soll auch mit einer Opium enthaltenden Salbe bei Bauern seiner Zeit Visionen vom Hexensabbat hervorgerufen haben[121]. Übrigens war im Mittelalter die Praxis, absonderliche und gefährliche Versuche stellvertretend vom „niederen Volke" (sogenanntes experimentum in anima vili) durchführen zu lassen, nicht ungewöhnlich, zumal ja auch die Gefahr bestand, daß sich der Teufel selbst in das Geschehen einmischte; auch dies erklärt, daß von den damaligen Dämonologen und Ärzten so wenige Selbstzeugnisse überliefert sind. Eine Ausnahme bildet der im 16. Jahrhundert in Brüssel geborene Chemiker und Philosoph Johan Baptista van Helmont (1579-1644), der mit Eisenhut an sich selbst experimentierte und von tranceähnlichen Zuständen berichtete. „Als er einst die Wurzel des Eisenhuts bloß roh zubereitete und nur mit der Zungenspitze davon verkostete, hatte er bald das Gefühl, als wenn ihm der Schädel von außen wie mit einem Bande zusammengeschnürt sei. Bald danach stellte sich bei ihm ein Zustand von Gedankenlosigkeit ein, der aber von einer Erhöhung der Wahrnehmungsfähigkeit begleitet war. Gleichzeitig hatte er die Empfindung, als ob er nicht mit dem Kopf, sondern mit der Magengrube denken würde. Nach den ersten zwei Stunden überfielen ihn dann mehrere Schwindelanfälle, mit welchen der abnorme Zustand sein Ende erreichte."[122]

An die den „Unholden" abgelauschten Rezepte über Hexensalben erinnerte sich der schlesische Volkskundler und Buchautor Will-Erich Peuckert (1895-1969), als er zusammen mit einem befreundeten Rechtsanwalt im Jahre 1927 einen Selbstversuch nach überlieferten Angaben Portas unternahm. Beide bestrichen sich mit der selbst verfertigten Salbe Stirn und Achselhöhlen und verfielen bald darauf in einen bleiernen

[119] DUERR, S. 229
[120] DUERR, aaO., HAERKÖTTER S. 64
[121] KIESEWETTER, S. 598
[122] GESSMANN, S. 138, vgl. auch SCHRÖDTER S. 119

Schlaf, aus welchem sie nach 20 Stunden, beide mit schwerem Kopf wie nach einem Alkoholexzeß und mit ausgetrocknetem Mund, trockener Rachenhöhle und bohrenden Kopfschmerzen, erwachten. Peuckert berichtet[123]:

> *„Wir hatten wilde Träume. Vor meinen Augen tanzten zunächst grauenhaft verzerrte menschliche Gesichter. Dann plötzlich hatte ich das Gefühl, als flöge ich meilenweit durch die Luft. Der Flug wurde wiederholt durch tiefe Stürze unterbrochen. In der Schlußphase schließlich das Bild eines orgiastischen Festes mit grotesken sinnlichen Ausschweifungen."*

Nach 40 Jahren geht Peuckert noch einmal erklärend auf seinen Selbstversuch ein und beschreibt auch die Inhaltsstoffe seiner Salbe[124]:

> *„Wenn die Zusammensetzung der Salben jedem Kundigen schon den Anhalt gibt, daß hier narkotisierende und betäubende Substanzen zur Verwendung kamen, so schien es mir doch richtig, diesbezügliche Versuche anzustellen. Ich ahmte, zusammen mit einem befreundeten Breslauer Rechtsanwalt, vor nunmehr 40 Jahren eine dieser Salben nach, indem wir einen Absud Hyoscyamus, das ist Bilsenkraut, Datura stramonium, das ist Tollkirsche[125], herstellten, zusammen mit Sellerie und Pferdebohnen in eine ölige Mischung brachten und - wie die Hexen - Schläfen und Achselhöhlen damit salbten. Ja, etwas Mohn und Akonit[126] war auch dabei. Und das Ergebnis war ein jenen Salben der Hexen ungefähr Entsprechendes; wir träumten erst wilde und doch gehemmte Flüge, darauf wüste Feste, welche einem entfesselten Jahrmarkstreiben glichen und mündeten schließlich in erotische Zügellosigkeiten ein, auf welche das Erwachen und ein arger, ungemütlicher „Kater„ folgte. Alles in allem waren es Träume, die dasjenige erleben machten, was Hexen auf ihren nächtlichen Fahrten und den Sabbaten erlebten, freilich gemäß der Zeit, in der sie und in der wir lebten."*

Interessant ist, daß die Traumvisionen beider Experimentatoren im wesentlichen übereinstimmten, was man - von der Zielvorgabe der Untersuchung einmal abgesehen - wohl kaum aus der gemeinsamen Erwartungshaltung beider Forscher erklären kann. Als Ergebnis des Doppelversuches hielt Peuckert fest:

> *„Für mich besteht nach diesem Experiment kein Zweifel mehr, daß es im Mittelalter Frauen gegeben hat, die vermutlich die gleiche oder eine ähnliche Salbe benutzt haben und entsprechende Rauscherlebnisse hatten. Hinterher haben sie dann vermutlich den Traum für bare Wirklichkeit gehalten."*

---

[123] Zit. nach RICHTER, Forschungsfragen unserer Zeit, 1960, S. 97

[124] PEUKERT in: BAROJA, Die Hexen und ihre Welt, S. 316f.

[125] Eigentlich richtig: Stechapfel

[126] Eisenhut

Schon 1925 hatte der Direktor des Psychophysischen Laboratoriums der Universität Kopenhagen Alfred Lehmann[127] auf die Versuche della Portas - die auch die Grundlage der Experimente Peuckerts waren - hingewiesen:

„Von Portas Versuchen wissen wir, daß solche Salben wirklich vorhanden waren und daß sie narkotische Stoffe enthielten, die einen tiefen Schlaf mit erotischen Träumen hervorriefen. Die klugen (weisen) Frauen früherer Zeiten sind bekanntlich mit den heilenden und giftigen Eigenschaften der Kräuter recht vertraut gewesen .... Daß sie während dieses Rausches von Hexenfahrten und erotischen Ausschweifungen speziell mit Teufeln und Zauberern träumten, ist wiederum nur eine suggestive Wirkung des Glaubens an die Wirklichkeit dieser Verhältnisse."

Und der Kulturhistoriker Franz Otto hatte Ende des 19. Jahrhunderts seine Ansicht über „Kräutertränke" der Hexen, die man ebensogut auf Kräutersalben übertragen kann, wie folgt zusammengefaßt[128]:

„Aus einer Reihe durchaus glaubwürdiger Selbstbekenntnisse bei den ungezählten Hexenprozessen wissen wir, daß sich die weisen Frauen auch gar wohl darauf verstanden, Kräutertränke zu bereiten, wodurch Verzückung und unzüchtige Begierden erweckt wurden, aber auch solche, die den Tod und Wahnsinn brachten. Sie selbst schlürften solche Zaubertränke und regten sich dadurch in solchem Maße auf, daß ihre Phantasie sie in ihren Träumen nach den Opferstätten zu den teuflischen Festen entrückte, welche wohl in älteren Zeiten und unter anderen Umständen, ohne Teufelsspuck, als Naturfeste begangen worden sein mochten."

Richter zitiert schließlich eine Äußerung Adolf Kronfelds[129], welcher sich auf die schon oben erwähnte Krainer Hexensalbe und ihre Wirkung[130] bezieht und allgemein dazu ausführt:

„In keinem der Rezepte fehlen giftige Solanazeen; in vielen finden wir auch die narkotische Mohnpflanze, Wolfsmilcharten, Schierling und Taumellolch. Es ist sicher, daß Tausende und Abertausende, die den schrecklichen Tod als Hexen gefunden haben, die für sie so verhängnisvolle „Besessenheit" von den gefährlichen Zauberpflanzen hatten. Die Solanazeen zumal, mit der Mandragora an der Spitze, haben in dieser Hinsicht eine so große Bedeutung, daß ihrer keine Kulturgeschichte vergessen sollte."

Auch der Okkultismusforscher Carl Kiesewetter (1854-1895) beschreibt Selbstversuche mit Hexensalben nach dem Rezept Portas[131]:

---

[127] LEHMANN, Aberglaube & Zauberei, 3. Auflage, Stuttgart 1925, Seite 622f. zit. nach RICHTER aaO. S. 100

[128] OTTO, Wunderglaube & Wirklichkeit, Leipzig 1884, S. 152, zit. n. RICHTER aaO. S. 100

[129] HOVORKA/KRONFELD, Vergleichende Volksmedizin Bd. 1, Stuttgart 1908, S. 401, vgl. RICHTER aaO. S. 100

[130] Johannes VALVASOR, Ehre des Herzogtums Crain, Laibach 1689

„Ich selbst habe mehrfach mit ähnlichen Stoffen und Hexensalben experimentiert. Die Einreibung der Herzgrube mit einer Lösung von selbstdargestelltem Hyoscyamin bewirkt Träume von einem lebhaften Fliegen in einer Spirale, als ob ich von einem Wirbelstum umhergerissen würde. Wenn ich mir mit Portas Salben nach Weglassung der unwirksamen Bestandteile Herzgrube, Achselhöhlen, Scheitel und Kreuz eingerieben hatte, schlief ich des nachts darauf stets tief und erwachte am Morgen, ohne irgendwelche nachteiligen Folgen zu spüren; dagegen träumte ich stets in den folgenden Nächten sehr lebhaft von blitzschnellen Reisen per Eisenbahn oder zu Wasser in prachtvollen tropischen Gegenden. Dabei kam es mehrfach vor, daß ich mich auf einer Art Pagode stehen sah, welche auf einem hohen Berg lag; in Tal darunter befand sich eine Stadt mit würfelförmigen, mehrere Stock hohen Häusern, deren obere Stockwerke stets kleinere Würfel waren. Ich sprach als eine Art Priester zum versammelten Volk (diese Träume waren mit einer gewissen schaurigen Wonne verbunden, die wohl auch bei den Visionen der Sabbate vorhanden war).- Ich bereitete mir von obigen Stoffen alkoholische Tinkturen und nahm davon vor dem Schlafengehen. Das Resultat war zunächst ein bleierner Schlaf und nach dem Erwachen eine narkotische Intoxikation mit Erscheinungen der Karphologie[132], Erweiterung der Pupille, Trockenheit des Schlundes (ich wollte Wasser trinken und saugte an der Taschenuhr, obschon ich mir über das Unsinnige dieser Handlung völlig klar war), Röte des Gesichts etc. Besonders merkwürdig war mir, daß sich bei jeder kleinen Bewegung mein Arm oder Bein in das Unendliche zu verlängern schien. Dieser Zustand hielt, während ich viel schwarzen Kaffee oder Essig trank, mit leidlicher Besserung bis zum Abend an. Die nächste Nacht verging unter ziemlich gutem, nur durch Herzklopfen unterbrochenem Schlaf. In den folgenden Nächten hatte ich lebhafte symbolische Träume. Die Pupillen blieben noch mehrere Tage erweitert und gegen Licht äußerst empfindlich."

Wie gefährlich Selbstversuche mit solchen Giftdrogen sein können, zeigt die Tatsache, daß Kiesewetter, erst 41jährig, eines seiner Experimente nicht überlebt haben soll.[133]

Ein weiterer interessanter Selbstversuch wird von Siegbert Ferckel[134] berichtet, der freilich sein Salbenrezept nicht preisgeben will:

„In fast allen uns überlieferten Akten von Hexenprozessen taucht an irgendeiner Stelle das Wort Hexensalbe auf. Da aber in fast keiner der Akten die

---

131 KIESEWETTER, S. 579

132 Sogenanntes „Flockengreifen", automatisches ruheloses Fingerklopfen.

133 Carl Kiesewetter, geb, 1854 in Meinigen, gestorben daselbst am 15.04.1895 im Dienst der „spiritualistischen und occultistischen Wissenschaft", in „derem schwerem Dienst er doch leider so früh dahinmußte", wie seine Mutter in einem Brief an die Redaktion mitteilte; offizielle Todesursache des ev. Pfarramtes war: „Leberverhärtung" (Vgl. Helmut Möller: „Georg Canter - Carl Kiesewetter - ein Briefwechsel", Göttingen 1991, S. 26). Vgl. auch SCHRÖDTER S. 113

134 FERCKEL in: KOSMOS 1954, S. 414f.

Zusammensetzung einer solchen Salbe angegeben ist, liegt ihre genaue Zusammensetzung noch heute weitgehend im Dunkeln.

Mir gelang es jedoch durch Zufall, ein freilich sehr mangelhaftes Rezept aus zweiter Hand zu bekommen. Zwar fehlten die Gewichtsangaben und die Beschwörungsformeln; aber trotzdem experimentierte ich munter darauf los.

Abends rieb ich mir, streng nach Vorschrift, mit dieser Salbe die Herzgegend ein. Als ich nach 45 Minuten noch keine Wirkung verspürte, schmierte ich mir die ganze Salbe auf die Brust.

Es vergingen nun keine 5 Minuten, bis mein Herz wie rasend zu schlagen anfing und mich ein starkes Schwindelgefühl überkam. Als ich zufällig in den Schlafzimmerspiegel blickte, erschrak ich fast, denn mein Gesicht war vollkommen entstellt; die Pupillen fast so groß wie die ganzen Augen, die Lippen bläulich und dick geschwollen und das ganze Gesicht kreideweiß mit abgegrenzten hochroten Backen. Jede Bewegung erhöhte mein Schwindelgefühl ins Unerträgliche. Um diese Empfindung nicht noch zu erhöhen, verhielt ich mich ganz still. Eine unheimliche Spannung erfaßte mich, und ich strengte mich vergebens an, mich genau zu kontrollieren. Keines meiner Glieder ließ sich mehr bewegen. Für einen Moment schloß ich die Augen und begann nun, zuerst langsam und dann immer schneller zu fallen. Ich konnte nicht schnell genug die Augen öffnen; denn irgendwie fühlte ich mich macht und hilflos. Plötzlich begannen die Wände und die Zimmerdecke sich wellenförmig zu bewegen und mit lautem Knall zusammenzuschlagen. Die harmlosesten Gegenstände nahmen etwas Drohendes und Drückendes an, und aus den Bilderrahmen starrten mich böse Gesichter an, die sich mit unheimlicher Lautlosigkeit und Tücke bewegten. Ich mußte es aufgeben, einen klaren Gedanken zu fassen.

Aus dem Dunkeln strebten mir Gesichter zu, die erst verschwommen auftauchten, um dann Gestalt anzunehmen. Das ganze Zimmer war von einem rotviolett-bläulichen Licht erfüllt, und ich hörte einen seltsamen brummenden Pfeifton. Langsam wurde es vollkommen dunkel um mich, und ich schwebte mit großer Geschwindigkeit aufwärts. Es wurde wieder hell, und durch einen rosa Schleier erkannte ich verschwommen, daß ich über der Stadt schwebte. Die Gestalten, die mich schon im Zimmer bedrückt hatten, begleiteten mich auch auf diesem Flug durch die Wolken. Immer mehr kamen hinzu und fingen an, um mich herum Reigen zu tanzen. Die Zeit kroch in Schneckentempo dahin, und jede Minute währte eine Ewigkeit.

Am nächsten Morgen, als das erste Licht in mein Zimmer kam, meinte ich, zu einem neuen Leben zu erwachen. Den ganzen Tag über schlug mein Herz noch sehr rasch, und es war mir unmöglich, etwas klar zu sehen.“

Besonders ausführlich schildert der Biologe Wilhelm Mrsich[135] seine Erfahrungen, die er im Wege eines Selbstversuchs in der Walpurgisnacht (die Nacht zum 1. Mai; hier sind die „Hexen los") im Jahre 1932 in einer unberührten abgelegenen Waldgegend auf dem Balkan erlebte. Mit einer selbstverfertigten Salbe, deren Zubereitung und Dosierug er auch nicht nennen will - immerhin teilt er mit, daß die Hexensalbe aus dem Saft oder Absud „diabolischer Mittel", nämlich: Tollkirsche, Stechapfel, Bilsenkraut, Eisenhut und Taumellolch gefertigt wird! - reibt er sich „Schamgegend, Damm und After sowie die Achselhöhlen und Kniekehlen" ein, legt sich nackt in einen als Kahn verwendeten ausgehöhlten Baumstamm, weil ein echter Backtrog nicht zur Verfügung stand, und klemmte sich auch stilecht „wie eine Art Antenne" einen Besenstiel aus Holunder zwischen die Beine, an welchen er einen „Hexenbesen" (das sind Massenaustriebe kleiner Zweige von besenartiger Gestalt auf Bäumen, die meist durch Parasiten hervorgerufen werden) anband, überdeckte den Kahn wegen der Malariamücken mit einem Schleier und wartete. Was dann erfolgte, beschreibt Mrsich so:

> *„Zuerst geschah gar nichts. Es wurde eine dunkle Nacht. Aber man konnte nach einiger Gewöhnung doch die nächste Umgebung ganz gut unterscheiden. Allmählich aber war es mir, als würde es immer dunkler. Es wurde mir schwarz vor den Augen wie kurz vor einer Ohnmacht. Mit aller Kraft erhielt ich mich bei Bewußtsein, denn ich wollte ja beobachten.- Die Finsternis vor meinen Augen war beklemmend, als wenn es etwas gäbe, das noch schwärzer ist als schwarz, noch dunkler als Finsternis.- Da plötzlich erschien in der Schwärze ein großes rotes Dreieck, flammend rot, so rot, das es fast weh tat, - und in dem Dreieck ein Gesicht mit einer roten Kappe wie die eines Schalksknechts. Ich werde dieses bleiche schöne, glatte und doch so seelenlose Gesicht nie vergessen ... Das Gesicht hob sich aus dem Dreieck heraus. Ich sah dazu nun auch bis etwa zur Brustmitte die Gestalt. Der eine Arm der Gestalt winkte. Dieser Wink hatte eine schier unwiderstehliche Gewalt. Es gelang mir nicht, mich abzuwenden. Dann verschwand die Gestalt. Statt des roten Dreiecks sah ich wie in eine Höhle. Wie wenn die Finsternis ein Loch gehabt hätte. Ich blickte durch das Loch in einen langen Gang. Seltsam zu sagen: Es war darin weder hell noch dunkel, es war lichtlos. Aber ich „sah" dennoch. Die fahlen Wände des Ganges waren feucht. Irgendwo rauschte Wasser. In Spalten und Fugen zu Seiten des Ganges lehnten Gerippe und aus Nischen grinsten Totenschädel. Mich befiehl Angst, obwohl ich nicht furchtsam bin. Es war keine gewöhnliche Angst. Es war ein Erschauern, ein Grauen. Es gelang mir mit Aufbietung aller geistigen Kräfte, mich abzuwenden und zurück in meine Umgebung zu finden. Bald aber wurde wieder alles schwarz. Aus dem Dunkel traten Umrisse von Leibern, weiß, seidig glänzend, üppig, sinnlich. Wo auch immer ich hinsah: berückende Frauenleiber in den unmöglichsten Stellungen und Verrenkungen, den obszönsten und unzüchtigsten*

[135] MRSICH, Erfahrungen mit Hexen und Hexesalbe, S. 9ff.

Verschlingungen ... Ein qualvoller Zustand wollüstigen, aber ungestillten Verlangens.

Dann fand ich mich wieder ziemlich ermattet in meinem Einbaum...Es war mir, als hätte ich plötzlich vier Beine: Ein Paar, das wie tot im Kahne lag, und ein zweites, leichtes und bewegliches Paar, das ich aus den toten Paar mühelos herausheben und bewegen konnte...

Der Körper, den ist verlassen hatte, lag wie tot im Kahn. Ich selbst, mein Astralleib, oder wie man es nennen will, schwebte. Ein Wunsch, ein Gedanke genügte, um mich hinzubefördern, wohin ich wollte. Alle Bewegungen waren von euphorischen Lustgefühlen begleitet. Ich wünschte mich zum nächsten Baum, schon war ich dort. Aber als ich nach dem Baumstamm griff, blieb er mir sozusagen in der Hand, oder besser, ging durch meine Hand. Dann schwebte ich ganz durch den Baumstamm hindurch, das heißt, eigentlich müßte ich sagen: Der Baum ging durch mich hindurch, während ich mich vorwärts bewegte. Ich wußte nun, daß ich mich hinwünschen konnte, wohin ich wollte, und ich wünschte mich an den nächsten Ort einer Walpurgisorgie. Im Nu war ich dort.

Das Bild, das sich mir bot, war unbeschreiblich. Nackte weibliche Wesen von unsagbarer Schönheit schwebten dort umher. Waren es Feen, Göttinnen, Teufelinnen? Ich weiß es nicht. Menschliche Astralleiber waren es bestimmt nicht. Dazu waren sie zu schön. Ich sah also am Orte der Orgie keine Menschenwesen ... Das einzige menschliche Wesen, das ich unter den Geschöpfen der Astralebene sah, war die üppige, überaus sinnlich wirkende Gestalt einer Negerin, wohl einer Negerfürstin, von einem Sinneszauber, wie ich es nie für möglich gehalten hätte. Außer den weiblichen Gestalten waren dämonische Wesen da; schreckerregend, aber doch grausig schön. Es ist kaum zu beschreiben. Diese Wesen haben nämlich etwas Unbeständiges an sich. Sie sind in fortwährendem fließenden Flimmern begriffen, wie quirlende schillernde Dämpfe. Entstehen immer eines aus dem anderen, schimmernd, perlend, unfaßbar.

Ich mischte mich in den Reigen, wünschte mich zu der nackten Fee, die mir als die schönste erschien. Ihr Sinneszauber war unschilderbar; - und ich vereinte mich mit ihr.- Verglichen mit der Vereinigung zwischen einem menschlichen Astralleib und dem durchsichtigen, feinstofflichen Leib eines Wesens der Astralebene ist die geschlechtliche Vereinigung zweier Menschenkörper eine armselige Stümperei und der Organismus der körperlichen Liebesextase ein stumpfsinniges, täppisches Getast. Zwei Astralleiber dringen bei der Vereinigung nicht nur zum kleinen Teil ineinander ein wie Menschenleiber. Nein, sie durchdringen sich ganz, durchschweben einander und berühren sich dabei mit allen Teilen ihres Leibes, was eine unsagbare, überirdische Wonne verursacht.

Ich erlebte diesen übersinnlichen Genußrausch, diese Orgie des Gefühls der Psyche nicht nur einmal. Ich stürzte mich von Leib zu Leib, durchschwebte, durchkostete immer wieder neue und, wie mir schien, schönere; von Schauern durchrieselt, von Wonnen durchbebt, von Lust durchtränkt.- Es wollte schier kein Ende nehmen.- Bis schließlich auch mein Astralleib ermattet sank. Ich spürte nur noch dieses Sinken, wie in weichen, unendlich zarten, weißen Schwanenflaum. Ich sank und sank, lange - lange.

Als ich „zu mir" kam, war es Morgen. Mir taten meine Glieder weh vom langen, bewegungslosen Liegen im harten Kahn und mich fror erbärmlich. Mein Kopf brummte, und wenn ich die Augen schloß, sah ich lauter Raupen, bunte schillernde Raupen, die qualvoll durcheinander krochen und die ich lange, lange, noch Tage danach, nicht los wurde. Ich wußte nun, was der Ausdruck bedeutet: „Raupen im Hirn haben".

Dann erhob ich mich mühsam, versuchte mich anzukleiden. Das war sehr spaßig. Es kamen mir meine Kleider unsagbar grob und unpassend vor. Alles schien mir zu weit, zu derb. Einen Knopf einzuknöpfen, war ein Problem, einen Strumpf anzuziehen, ein ekelhaftes Geschäft, das Brechreiz verursachte. Ich kam mir in meinen Kleidern vor wie Herkules im Nessushemd, wie von einem Gewand von Brennesseln oder rauhen Baumrinden umgeben. Jede Berührung, jede Reibung kratzte und tat weh. Jede Hautstelle war überempfindlich wie bei der Prinzessin auf der Erbse. Auch meine anderen Sinne waren noch eine zeitlang überempfindlich. Die ärmliche irdische Welt kam mir unglaublich roh, ekelhaft, schal und entsetzlich dumm vor. Dann wankte ich zu meiner Hängematte im Walde, lebte ein paar Tage nur von Honig. Alles andere ekelte mich an. Nur langsam schwand dieses Grauen vor der erbärmlichen irdischen Welt. Dann war ich wieder „normal".

Das Thema Hexenritt und psychedelische Erlebnisträume nach Gebrauch der Hexensalbe ist auch in der schöngeistigen Literatur behandelt worden. Ausführlich wird die Hexenausfahrt geschildert in dem Roman „Leonardo da Vinci" (1902, deutsch 1903) des russischen Dichters und Philosophen Dimitrj Mereschkowskij (1865-1941)[136]; der östereichische Lyriker und Schriftsteller Paul Busson (1873-1924) beschreibt in einem Roman die Entdeckung der berühmten „grünen Salbe", wobei man sich des Eindrucks nicht erwehren kann, daß der Autor, in verkleideter Form, das wahre Erlebnis eines Selbstversuchs wiedergibt.[137] [138]

---

[136] Ausgabe Leipzig 1910, Kap. IV („Hexen-Sabbat"), S. 99 ff.

[137] Vgl. F.V. SCHÖFFEL: Hexen von einst und heute, Bamberg 1931/32, S. 159f.

[138] Die Wirksamkeit psychoaktiver Hexensalben wird gelegentlich in der Literatur bestritten. So berichtet BASCHWITZ (Hexen und Hexenprozesse, München 1963, S. 115), daß holländische Journalisten das Experiment Peuckerts (vgl. dort) erfolglos nachgeahmt hätten. Hiergegen zu Recht: DUERR S. 449, Biedermann S. 87. Abgesehen von den dabei konkret gegebenen Modatiläten des Falles (Erwartungshaltung, Zusammensetzung, Substanzgehalt, spezifische Wirksamkeit pp.) ist gerade in der Heilpflanzenkunde (wozu auch die Giftpflanzen zählen) anerkannt, daß Erfolge stark von individuellen Einflüssen abhängig sind: so etwa kann mit der Mistel-Therapie ein Krebswachstum gestoppt werden – nicht bei jedem zwar, aber doch häufig genug. Es kommt also für Charakter und Qualität der illusionären Wahrnehmung wesentlich auf die Voraussetzungen an, unter denen das Berauschungsmittel genommen wird, sowie auf die jeweilige Persönlichkeit und deren suggestive Beeinflußbarkeit.

Die gängigen Zauberpflanzen der Hexen - Drogengifte und ihre Wirkung

Kommt doch mit in jenen großen
Immer off'nen Gottesgarten,
Wo auf euch in tausend Kräutern
Abertausend Wunder warten!

(Max Rieple, Kleine Kräuterkude)

1. Nachtschattengewächse (Solanazeen)

Im menschlichen Leben nehmen Nachtschattengewächse von altersher einen breiten Raum ein: als Liebes-, Arznei- und Giftpflanzen (Alraune, Tollkirsche, Bilsenkraut); als Nahrungsmittellieferanten (Kartoffel, Tomate, Aubergine); als Gewürzpflanzen (Paprika) sowie als Genuß- und Rauschmittel (Tabak, Stechapfel). Zwei weitere heimische Solanazeen, der schwarze Nachtschatten (solanum nigrum), ein Ackerunkraut mit kleinen weißen Blüten und kugeligen, erbsengroßen schwarzen Früchten, und der bittersüße Nachtschatten (Bittersüß, solanum dulcamara), ein kletternder Halbstrauch am Waldrand und in schattigen Gebüschen mit violetten Blüten und kleinen länglichen roten Beeren, sind hier weniger bedeutsam; sie enthalten das Glykosid Solanin, welches - wegen seiner im Magen-Darm-Kanal erschwerten Aufnahme - wesentlich weniger giftig wirkt und als Rauschdroge keine Verwendung findet; im Altertum soll - nach Angaben von Dioscurides, Theophrast und Plinius der Ältere - der schwarze Nachtschatten sogar als Gemüse kultiviert worden sein.

Die Nachtschattengewächse, welche für die Rauschbilder von Priestern und Schamanen, Zauberern und Hexen verantwortlich zeichnen, nämlich

Tollkirsche (atropa belladonna),

Bilsenkraut (hyoscyamus niger) und

Stechapfel (datura stramonium),

enthalten sämtlich giftige Alkaloide der Tropanreihe: L-Hyoscyamin, welches - teils schon bei der Trocknung der Pflanze - in das isomere Atropin (DL-Hyoscyamin) übergeht, und Scopolamin, letzteres vorwiegend beim Stechapfel in der jungen Pflanze und bei der Alraune in den Wurzeln (L-Scopolamin)[139]. Auf den Menschen wirken L-Hyoscyamin und Atropin im wesentlichen gleich: sie lähmen, schon in kleinen Gaben, das periphere Nervensystem und erregen, mit zunehmender Dosis steigend, das zentrale Nervensystem. Die Lähmung der parasymphatischen Nerven zeigt sich beispielsweise in einer Dämpfung der Speichel-, Schweiß- und Bronchialdrüsentätigkeit,

[139] GESSNER/ORZECHOWSKI, S. 26ff. und FROHNE/PFÄNDER, S. 234f.

in einer Hemmung der Bewegung im Magen-Darm-Kanal sowie in einer Erschlaffung der Gallen-, Harnblase und Gebärmutter, äußerlich in einer Pupillenerweiterung, die durch Lähmung der Akkomodationsfähigkeit des Augenmuskels entsteht.

Die zentral erregende Wirkung auf das Groß- und Zwischenhirn und das verlängerte Rückenmark äußert sich - neben einer erkennbaren Beschleunigung und Vertiefung der Atmung, einer intensiven Hautrötung und eines Anstiegs der Körpertemperatur - fortschreitend nach und nach in: Rede- und Bewegungsdrang, Tanzlust, Sprechen mit imaginären Personen, Lachanfällen, Sinnestäuschungen beim Sehen und Hören, Zunahmen suggestibler Beeinflußbarkeit, gesteigerte sexuelle Vorstellungskraft, schließlich Raserei, Tobsucht, epilepsieartige Krämpfe, dann allmähliche Ruhigstellung und Erschlaffung; der Vergiftete fällt in Tiefschlaf und stirbt unter Kollaps im Koma an zentraler Atemlähmung.

Beim Scopolamin deckt sich die periphere Wirkung mit derjenigen der vorgenannten Stoffe; die zentrale Wirkung ist ihnen jedoch entgegengesetzt: Scopolamin dämpft, schon in geringer Menge, das Zentralnervensystem und führt bei steigenden Gaben zunächst zu einem Dämmerschlaf und später durch Lähmung des Atemsystems zum Tode. Halluzinationen treten auf, oft schon bei nur äußerlicher Anwendung am Auge[140]; vielleicht sind die lebhaften Traumvisionen in der Tiefschlafphase der Berauschten eine Folge des Scopolamins[141].

Die teilweise sich verstärkenden, teilweise gegeneinander gerichteten Wirkungen der genannten Alkaloide, in derselben Pflanze, einmal mehr und einmal weniger vorhanden, erschweren einen exakten Nachweis; zudem muß man den Zustand der Pflanze (frisch, getrocknet), die verwendeten Teile (Kraut, Früchte, Wurzel), die jeweilige Dosierung sowie unterschiedliche individuelle Aufnahmebereitschaft mit in Rechnung stellen, wobei das komplexe Zusammenwirken aller Inhaltsstoffe einer Pflanze - die natürliche „Mischung" ist etwas anderes als die summierte Verabfolgung von Einzelstoffen! - noch gar nicht berücksichtigt ist. Ein Versuch, die spezifischen Eigenarten von Tollkirsche („Belladonna„), Bilsenkraut und Stechapfel („Stamonium") herauszustellen und gleichwohl das Verbindende zu suchen, ist SIMONIS zu entnehmen[142], wo es heißt:

> *„Bei Belladonna ist das Gesicht hochrot, die Augen sind blutunterlaufen, die Halsschlagadern klopfen heftig; bei Hyoscyamus fehlt das heftige Klopfen der Karotiden, die intensive Gesichtsröte und die blutunterlaufenen Augen; das Gesicht ist eher bleich und eingefallen. Auftretende Delirien haben bei Belladonna heftigste Form, eine ruhige und besonnene Art ist dort direkt Ausnahme; bei Hyoscyamus gerade umgekehrt. Das Belladonnadelirium ist wild; der Patient will davonlaufen, er beißt und schlägt; während der Hyoscyamuspatient zwar ein gewisses Verlangen fortzulaufen zeigt, fehlt ihm aber*

---

140 GESSNER/ORZECHOWSKI, S. 28

141 HAERKÖTTER, S. 34

142 SIMONIS, S. 633f. (Auf dem Boden der anthroposophischen Medizin).

die Kraft dazu. Hyoscyamus wirkt mehr wie ein adynamisches Mittel im Gegensatz zu Belladonna. Belladonnakranke sind relativ beweglich, die Pulse rasen; bei Hyoscyamus sind die Kranken schwach, dem Puls fehlt das Volumen. Der Unterkiefer sinkt herab, Stuhl und Urin gehen unwillkürlich ab, und die Schwäche nimmt ständig zu. Es geht in eine gefühllose Betäubung über. Hyoscyamus hat mehr nervöse Irritation und weniger Kongestion als Belladonna und Stramonium. Bei Hyoscyamus umfassen die nervösen Manifestationen das ganze System: „jeder Muskel im Körper zuckt von den Augen bis zu den Zehen" (Nash). Während der Patient sonst still liegt, zuckt es überall; er zupft und langt in die Luft. Die Schlaflosigkeit der Belladonna ist eine relative helle Wachheit mit absolutem Unvermögen einzuschlafen, während Hyoscyamus nervös schlaflos ist, wimmert, zuckt und auch schreit. Der Patient hat eine auffällige Furcht, „vergiftet und verraten zu werden" (Farrington).... Ein gewisses Bedürfnis sich zu entblößen, das bei Stramonium auftritt, ist auch hier vorhanden, fehlt Belladonna aber vollkommen. Sie hat hingegen die Erscheinung, daß sie beim Einschlafen oder Erwachen hochfährt oder aufspringt. Bei epileptischen Konvulsionen hat der Hyoscyamuskranke Zucken und Rucken im Körper, eckige Bewegungen, die anscheinend durch Essen hervorgerufen werden, speziell bei Kindern. So sollen diese hungrig aus den Schlaf erwachen, das Gesicht ist dunkelrot, Schaum steht vor dem Munde; die Zunge wird gebissen, danach fast immer tiefer Schlaf. Zwischen diesen beiden Vergiftungs- oder Krankheitsbildern steht nun das Bild des Datura stramoniums. Wie der rhythmische Organismus zwei Pole zeigt, einmal in der Atmung, zum anderen in der Zirkulation, so ergeben sich bei Stramonium in vielen Symptomen einmal eine gewisse Hinneigung zur Belladonna, zum anderem eine solche zum Hyoscyamus, doch offenbart es auch durchaus eigene Dynamik, wie der rhythmische Organismus sie ebenfalls hat.

Stramonium zeigt auch Kongestion mit mehr sensorieller Erregung; das Delirium ist wild, die Augen sehen wild und blutunterlaufen aus, doch ist dieser Zustand nicht so stark ausgeprägt wie bei Belladonna. Der Kranke wirft sich umher, fährt mit dem Kopf aus den Kissen auf, seine Schwäche ist lange nicht so ausgeprägt bei Hyoscyamus. Von allen drei Mitteln fällt hier aber die ungeheure Geschwätzigkeit auf! Der Erwachsene ist in seinem Delirium so geschwätzig und wechselt dabei zuweilen von Lustigkeit zu einem Zustand des Grauens. Er lacht, singt, macht Grimassen, andererseits kann er dann plötzlich laut beten und nach Hilfe rufen. Der Kranke wird durch Halluzinationen erschreckt: er sieht angeblich Erscheinungen, die aus jeder Ecke hervorspringen, Tiere unmöglichster Art erheben sich und ängstigen ihn. Kinder schreien nach der Mutter, selbst wenn diese bei ihnen ist. Oft besteht Angst vor Dunkelheit und Verlangen nach Licht, im Gegensatz zu Hyoscyamus, der Abneigung gegen Licht hat.

Man kann sagen, daß Belladonna primär auf das cebrospinale Nervensystem wirkt und sekundär auf das sympathische, während Hyoscyamus genau umgekehrt zu wirken scheint. Zwischen ihnen bleibt der Stechapfel in seiner Wirksamkeit."

Neben den geschilderten Vergiftungserscheinungen sind auch vor allem die Rauschbilder der drei beschriebenen Solanazeen interessant, denn dies mach-te sie zum Genußmittel der Hexen. Die toxischen Inhaltsstoffe der Pflanzen lösen halluzinogene und psychotrope Bewußtseinszustände aus; dabei kommt es zu erhöhter Suggestibilität, zu Sinnestäuschungen, zu psychischen Erregungszuständen und Ekstasen, sowie zu real erlebten Traumvisionen, was schon zu frühen Zeiten und heute noch in bestimmten Regionen (z.B. Lateinamerika) auch zu kultischer Verwendung der entsprechenden Kräuter Anlaß gab, als Schlüssel zum Eintritt in die Welt der Götter und Dämonen. So liefern diese Pflanzen den natürlichen Stoff für Liebesmittel und Vergessenstränke, Träume vom Fliegen und von orgiastischen Festen, das Schauen von Gottheiten und Unholden, Befreiung von den Fesseln des Körpers und die Verwandlung in andere Wesen. Und das waren auch die Erfahrungen und Erlebnisse der Hexen: Hirngespinste für den platten Beobachter, aber Bewußtseinserweiterung für die Eingeweihten, die „Zaunreiterinnen“ auf der Grenze ins Ungewisse.

Tollkirsche (atropa belladonna)

Äußeres Erscheinungsbild: Die bis 1,50 m hohe, ausladend verästelte Staude hat große spitz-eiförmige Blätter, die oben paarweise, unterschiedlich groß, angeordnet sind, und braun-violette, meist abwärts weisende glokkenförmige Blüten, die am äußeren Rand fünfzipfelig nach außen gerollt sind. Die Früchte, zuerst grüne, dann glänzend schwarze knubbelig-runde Beeren, enthalten violetten Saft mit vielen Samen. Blüte und Früchte sind oft zeitgleich an einem Strauch vorhanden. Die Tollkirsche wächst an Waldwegen, auf Kahlschlägen und in lichten Gehölzen. Sie blüht Juni bis August, und die Früchte reifen August bis Oktober. Eine gelbblühende Varietät (var. lutea, oft als eigene Art angesehen!) hat blaßgelbe Blüten und gelbgrüne Früchte.[143]

Herkunft und Geschichte: Die Tollkirsche soll bei uns ursprünglich nicht heimisch gewesen sein[144], ist aber jedenfalls wesentlich länger eingebürgert als der Stechapfel. Im Altertum dürfte sie mit der von Theophrast, dem griechischen Naturforscher und Schüler des Aristoteles (371-287 v. Chr.), erwähnten Pflanze „mandragoras“ identisch sein. Dioscurides, Militärarzt aus Griechenland und Begleiter der römischen Legionen (1. Jahr n. Chr.), dessen Kräuterbuch eineinhalb Jahrtausende Vorbild und ärztlicher Helfer war, beschreibt (in deutscher Übersetzung von 1610) ein „Dollkraut“ (solanum furiosum)[145] und erklärt:

> *„Die Wurtzel eines halben quintlins schwehr mit Wein getruncken/ macht das einem genügliche vnd liebliche/ jedoch eytele fantaseyen vnnd Bildtnuß fürkommen in den Gedancken vnnd Gemüt. Derselbigen Wurtzeln zwey quintlin schwer mit Wein getruncken/ macht eine bewegung deß Gemüts/ vnnd eine*

---

[143] GESSNER/ORZECHOWSKI, S. 25 und FROHNE/PFÄNDER, S. 236

[144] DUERR, S. 441

[145] Die dazugehörige Abbildung ist allerdings dem „solanum somniferum“ (Schlaffbeerlin) zugeordnet.

Vnsinnigkeit drey Tage lang/ vier quintlin eingenommen/ tödten den Menschen/ wider das Gifft vnnd Schaden den er zugefügt/ ist gut viel Honigwasser getruncken/ vnnd dasselbige widerumb von sich gebrochen.“

Hildegard von Bingen (1098-1179), die erste schreibende Ärztin der deutschen Geschichte, beschreibt die Tollkirsche als „dolo“ (= toll) und bringt sie mit dem Teufel in Verbindung. Später hieß sie „faba inversa“[146], so bei Johann Weier (1586), der eine Vergiftung beschreibt, und bei Benedetto Rinio (15. Jahrhundert[147]). Der „Gart der Gesundheit“ von 1485, die wohl wichtigste Zusammenstellung über das Kräuterwissen des Mittelalters, beschreibt sie als „uva inversa“ und „dolwortz“[148] und bringt einen Holzschnitt dazu; es heißt dort, das Kraut ',„macht und meret die Melancoly“, und besonders die Frauen werden vor ihm gewarnt:

„Item welche frauwe diß kruts oder wurtzel nutzet die fellet gern in ein krankheit mania genant das ist hirn wüstig und darumb sollen alle Menschen diß myden...“

Otto Brunfels (1489-1534), der zeitlich früheste der sogenannten Väter der Botanik, erwähnt in seinem Kräuterbuch (1532) nur Nachtschatt (solanum)[149]; hingegen ist sie Leonhard Fuchs (1501-1566) bekannt, etwa in seinem kleinen textlosen Holzschnitte-Buch von 1545, abgebildet als „Dollkraut“, „mandragora morion“[150]. Hieronymus Bock (1498-1554) beschreibt die Pflanze ausführlich in seinem Kräuterbuch (1551) als „Wald Nachtschatt“ oder „zam Nachtschatt“ und berichtet über die Behandlung eines mit Tollkirschen-Beeren Vergifteten:

„Gieng der selb man im wald vnd als er vngefähr diß gewächs mit seinen lustigen beeren ersahe/ aße er derselben ein güte schüssel voll/ ward aber darnach am andern tag so doll vnd vngeschickt/ das man jnen gehn Widersdorff haben gefürt.../ ich beschied auff der leüt anbringen/ man solt jm des stercksten weins zütrincken geben/ also geschach das er entschlieff/ vnnd ward widerumb gesundt/ vnnd lebet noch zü diser zeit.“

Der italienische Arzt und Humanist Matthiolus aus Siena (1500-1577) erwähnt in seinem Kräuterbuch (deutsch: 1586), daß der mit Tollkirsche Vergiftete den Eindruck hinterlasse, „als hette jn der teuffel besessen“[151]. Jac. Theod. Tabernaemontanus (1520-1590), Apotheker aus Bergzabern, dessen Kräuterbuch von 1588 wiederholt, bis 1731, aufgelegt wurde, gibt in dieser letztgenannten Auflage Näheres über die Herkunft des „Wald Nachtschatt“ preis[152]:

---

[146] Übersetzt: „verkehrte Bohne“.

[147] WEIER, S. 194 und DUERR aaO.

[148] SIMONIS, S. 548

[149] Vgl. oben

[150] Schon Dioscurides hatte das „Dollkraut“ als „ander Geschlecht deß Alrauns“, also als Mandragora genannt.

[151] HDA, Bd. 8, Sp. 1011

[152] DUERR, S. 441

„Es ist ein fremdes Sommergewächs/ so erstlich auß den Orientalischen Landes zu uns komen/ da zieht mans jetzund in etlichen Gaerten/ mehr zum Lust/ dann zum Gebrauch.“

Heute wächst die Tollkirsche wild in Europa, Vorderasien und Afrika; in Griechenland findet man sie noch in den Bergwäldern Thessaliens[153].

Brauchtum und Überlieferung: Tollkirschen spielen, besonders im südöstlichen Raum Europas, im Liebeszauber eine Rolle, sollen sie doch die sexuelle Bereitschaft des Mannes dämpfen, dagegen die Frauen erregen - eine Annahme, die interessanterweise durch pharmakologische Forschung untermauert wird[154]. In Siebenbürgen, wo die Pflanze „mantreguna“[155] genannt wird, tragen die Mädchen Tollkirschenwurzel am Busen, um die Burschen an sich zu ziehen. Die Wurzel macht ihren Träger bei jung und alt beliebt; deshalb wird sie als Glückspflanze auch in den Hausgärten kultiviert. Man pflanzt sie an einer den Blicken anderer nicht zugänglichen Stelle vor Sonnenaufgang unter Besprechung mit einer Zauberformel in einem Loch, in das man zuvor ein Geldstück, ein Stück Brot und etwas Salz gelegt hat.

Die Tollkirsche im Garten ist bei den Rumänen in der Bukowina der Sitz des Hausgeistes; man darf sie nicht ausgraben, sonst stirbt die Hausfrau oder das Hausmädchen. Die Wurzel einer freiwachsenden Tollkirsche verleiht einem Mädchen, das den Burschen gefallen und beim Tanz die erste sein will, Zauberkräfte; sie muß die Wurzel aber an einem Sonntag im Fasching graben, sie dann auf dem Haupte heimtragen und dabei weder streiten noch das Vorhaben erklären; am Grabungsort muß sie Brot, Salz und Branntwein als Opfer für den Pflanzengeist zurücklassen. Unter Hersagen bestimmter Zaubersprüche lassen sich Liebestränke aus der Tollkirsche brauen; auch mischt man die getrockneten Beeren dem Liebhaber in Speis und Trank. Diebe verraten sich, wenn man dem Verdächtigen eine Tollkirschenabkochung unter die Speise mischt: hat er wirklich gestohlen, so wird er es jetzt bekennen[156].

In der Volksheilkunde wurde die Tollkirsche gegen die Gicht angewendet; dazu mußte sie von einem Menschen des jeweils anderen Geschlechts, der bereits über 60 Jahre alt war, nach Sonnenuntergang gegraben werden. Nach solchem Trank wird der Kranke zuerst tobsüchtig; nach einer Stunde vergeht der Anfall und mit ihm die Gicht. In der Bukowina wurde die „Wolfskirsche“ zu Abtreibungen benutzt, in Westböhmen gegen die „Wasserscheu“ (Tollwut).

Nicht selten wurden auch mit der Tollkirsche Giftmorde verübt. So sollen die Schotten Tollkirschensaft unter ein Getränk gemischt haben, mit welchem das Kriegsheer des Dänenkönigs Sveno eingeschläfert und dann durch einen Überfall bezwungen wurde.[157] In Franken wurde die Priorin des Klosters Unterzell wegen Mißbrauchs der

---

[153] SIMONIS, S: 548

[154] HDA, Sp. 1013 aaO.

[155] Was an Mandragora erinnert. Auch die Verwendung im Zauberwesen erinnert oft an diese!

[156] HDA, Sp. 1014 aaO.

[157] MONTANUS, S. 142

Alraune (Mandragora officinarum)

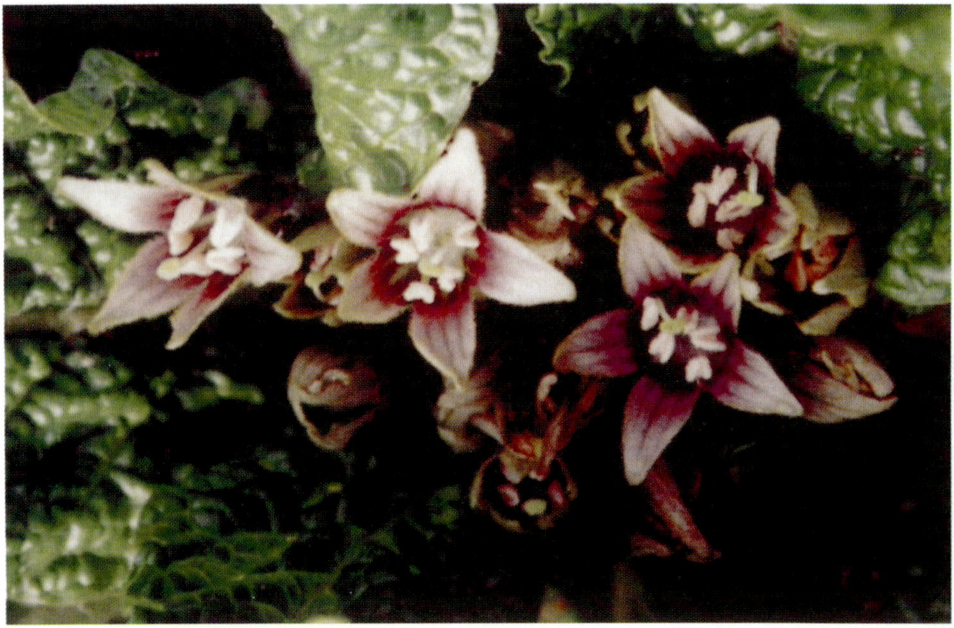

Die Blüte der Alraune

Mittelalterliche Darstellung der Alraune

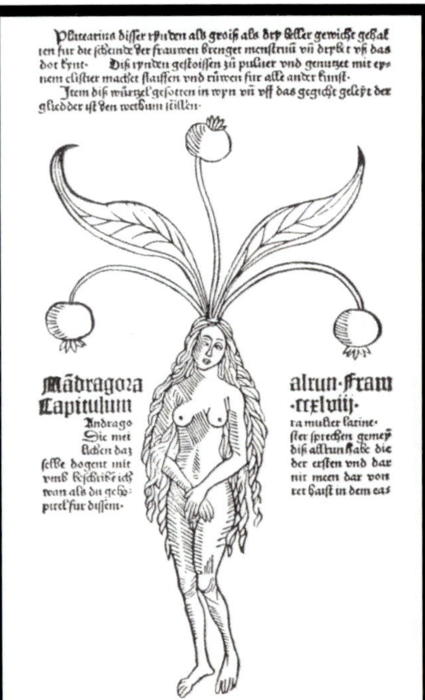

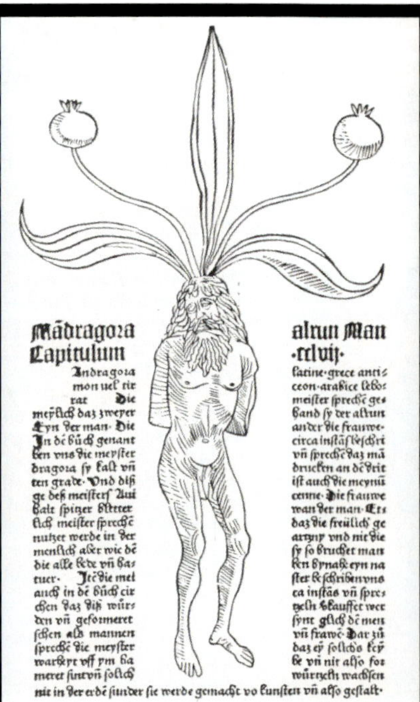

Die Früchte der Alraune (Man vergleiche die Fruchtform mit den Mittelalterlichen Darstellungen)

Stechapfel (Datura stramonium)
Der Fruchtkörper (oben), der, wenn er “verwelkt”, bräunlich wird (links) und sich dann von alleine öffnet. Dann erst kann man an die Stecknadelkopfgroßen schwarzen Samen entnehmen.

Stechapfel (Datura stramonium)
Die Blüte (links) und
die ganze Pflanze (rechts).

Unten: Schwarzes Bilsenkraut mit Blüte (Hyoscyamus niger)

Tollkirsche (Atropa belladonna)
Früchte und Blüte.

Eisenhut (Aconitum napellus)

Gefleckter Schierling (Conium maculatum)

Tollkirschen aus dem klösterlichen Garten „zu geheimen Machenschaften“ am 21. Juni 1749 als Zauberin enthauptet. Noch am 27. Januar 1931 fand vor dem Schwurgericht in Traunstein (Oberbayern) ein Mordprozeß gegen eine Bäuerin aus dem Chiemgau statt, die ihren Mann mit einer ungeraden Zahl Tollkirschenbeeren vergiftet hatte (sie pflückte zunächst 13 Beeren, verlor eine davon und warf daraufhin eine weitere weg, um nicht „Glück im Unglück“ zu haben!).- In Salzburg kam es im Jahre 1802 zu Vergiftungen durch angebliche „Klettenwurzel“ aus Triest, die in Wahrheit Tollkirschenwurzeln waren; mindestens eine Frau, die einen Tee daraus bereitet hatte, verstarb. Die kurfürstliche Landesregierung verordnete darauf die Konfiszierung aller noch „im Umlauf“ befindlichen Klettenwurzeln.

Am Niederrhein heißen die Früchte der Tollkirsche heute noch „Walkerbeeren“, da jeder, der sie zu sich genommen hatte, den Walküren zum Opfer gefallen war.[158] Im Mittelalter schminkten sich die schönsten Venetianerinnen mit Tollkirschensaft; Außerdem wurde er als kosmetisches Hilfsmittel zur Vergrößerung der Pupillen (bella donna = schöne Frau) genutzt, d.h. schöne, tiefe Augen, um den Preis eines nur verschwommen Sehens. Der Gattungsname „atropa“ leitet sich ab von Atropos, einer der drei Moiren (Parzen) der griechischen Sage, welche den Lebensfaden des Menschen abschneidet.

Inhaltsstoffe und Wirkungsweise: Die Tollkirsche enthält die drei Tropanalkaloide: L-Hyoscyamin, Atropin und Scopolamin. Der Gesamtgehalt der Stoffe ist in den Blättern am größten (0,5%-1,5%) und nimmt ab in der Reihenfolge: Wurzeln (0,85%), Samen (0,8%), Früchte (0,65%) und Blüten (0,4%); er steigt an bei Pflanzen auf guten Böden oder in höheren Standorten;[159] im Verhältnis der drei Stoffe zueinander ist das Scopolamin mit ca. 1% relativ niedrig vorhanden. In den unreifen Früchten und den Samen überwiegt das L-Hyoscyamin, in den reifen Früchten ist dagegen fast ausschließlich Atropin vorhanden. Verschiedene weitere Inhaltsstoffe wie Apoatropin, Belladonnin oder Scopoletin[160] u.a. können hier ausgeklammert werden; die Wirkung der Troponalkaloide auf den menschlichen Körper wurde bereits dargestellt. Vergiftungssymptome sind: Gesichtsrötung, Trockenheit der Schleimhäute (Bindehaut, Nase, Rachen, Kehlkopf, Bronchien), Pulsbeschleunigung[161] und Pupillenerweiterung; bei zunehmender Dosis tritt die Wirkung auf das Zentralnervensystem in den Vordergrund: psychomotorische Unruhe, Rededrang, Weinkrämpfe, Halluzinationen (in denen oft erotische Elemente hervortreten), Bewußtseinstrübung, Tobsuchtsanfälle. Bei Kindern führen 2-5 Beeren, bei Erwachsenen 10-12 (20) Beeren (Blätter ab 0,3 g oder 50 mg Atropin), sofern keine Gegenmaßnahmen eingeleitet wurden, zum Tode innerhalb von 24 Stunden durch Koma und Atemlähmung; andererseits wurden schon De-

[158] MONTANUS, aaO. Andere deutsche Namen sind: Teufelsbeere, Tollkraut, Schlafkirsche, Irrbeere. Siehe auch WEUSTENFELD „Zauberkräuter“, S. 89f.

[159] FROHNE/PFÄNDER, S. 236; vgl. auch ROTH/DAUNDERER/KORMANN, S. 158f.

[160] Letzteres dient der Anzeige eine Tollkirschenvergiftung, weil es unter UV-Licht blau fluoresziert.

[161] Der Anstieg der Herztätigkeit durch Wegfall blockender Einflüsse ist besonders für Bluthochdruckpatienten gefährlich.

lirien und Koma, als Überempfindlichkeitsreaktionen, bei weniger als 1 mg Atropin beobachtet.[162]

Der Toxikologe Erich Hesse[163] berichtet von einer 54jährigen Frau, welche die ihr verschriebenen (atropin- und scopolaminhaltigen) Augentropfen versehentlich herunterschluckte. Sie geriet in einen Atropinrausch, in welchem sie nicht nur mit ihrer Zimmerwirtin lesbisch verkehren wollte, sondern auch deren Bräutigam unverblümt zum Geschlechtsverkehr aufforderte; später konnte sie sich an nichts mehr erinnern.

Bilsenkraut (hyoscyamus niger)

Äußeres Erscheinungsbild: Das bis 70 cm hohe schwarze Bilsenkraut ist eine ein- oder zweijährige Pflanze mit spitzen, behaarten, grobbuchtig gezähnten Blättern und trichterförmigen, blaßgelben, violett geäderten Blüten mit (innen) dunkelviolettem Grund. Die Frucht enthält in einer zweifächerigen Deckelkapsel viele kleine graubraune Samen (die verwandten Arten H.albus haben weiße und H.aureus gelbe Samen), die Pflanze fühlt sich klebrig an und riecht unangenehm; sie blüht Juni bis August; die Früchte reifen August bis Oktober. Sie wächst an Feldrändern, auf Schutthalden, alten Kompostanlagen, Sozialbrachen.[164]

Herkunft und Geschichte: Das in Europa, Asien (südlich des Himalaya, bis China und Japan) und Nordafrika verbreitete schwarze Bilsenkraut sowie verwandte Bilsenarten gehören zu den ältesten Giftpflanzen der Menschheit im indogermanischen Raum. Bilsenkraut soll schon auf den Tontafeln der Sumerer (3. Jahrh. v. Chr.) erwähnt worden sein; in Babylon war es König Hammurabi (1728-1686 v. Chr.), dessen in Stein gemeißeltes Gesetzbuch, wie eine Entschlüsselung der Schriftzeichen ergeben hat, u.a. Pflanzen wie Bilsenkraut und Minze erwähnt. Schon in jener Zeit wurde der Rauch der Pflanze gegen Zahnschmerzen eingesetzt. Ägypter, Inder, Perser und Araber kannten ebenfalls verschiedene Hyoscyamus-Arten; in den Schriften des Hippokrates (460-375 v. Chr.) im altem Griechenland wird H.albus als Giftpflanze angegeben. Der griechische Militärarzt Dioscurides (1. Jahrh. n. Chr.) berichtet in seiner Arzneimittellehre, die bis ins Mittelalter stark beachtet war (deutsche Ausgabe 1610), über drei Arten: das schwarze, weiße und gelbe Bilsenkraut; während er für das letztgenannte äußerliche, aber auch innere Anwendungsmöglichkeiten beschreibt, sagt er zu den beiden ersteren:

> *„Diese zwey Geschlecht machen hirnschellig vnnd vnsinnig/ vnnd führen in einen tieffen Schlaff/ werden derhalben verworfen/ vnd nicht gebraucht."*

---

162 WEUSTENFELD, Karte 53 und FROHNE/PFÄNDER, S. 236. Die Seherin von Prevorst, Friederike Hauffe (vgl. den Roman des Dichters Justinus Kerner von 1829) soll so sensibel gewesen sein, daß schon ein Gramm Tollkirschenwurzel in ihrer Hand zu einer Pupillererweiterung, Schwindel und Würgen im Hals führte. Vgl. DUERR, S. 321

163 Zit. nach SCHMIDBAUER/SCHEIDT, S. 288

164 Bilsensamen sollen, wenn sie in tiefen, luftabgeschlossenen Erdschichten lagern, oft hunderte von Jahren keimfähig bleiben. H.A. HANSEN, S. 42f.

In der griechischen Sage war die Bilse die Pflanze des Herakles. Der griechische Name „hyoscyamus“ bedeutet: Saubohne und erinnert vielleicht daran, daß die Zauberin Circe, die nach Homer den Gefolgsleuten des Odysseus ein Mahl mit „betäubenden Säften“ servierte und sie hernach in Schweine verwandelte, sich dabei dieses Krautes bzw. seiner halluzinatorischen Wirkung bedient haben könnte.[165] Aber man kann auch eine praktische Erklärung finden: die „Sawbon“ wurde zwar von den Schweinen nicht verschmäht; sie erkrankten jedoch schwer daran (Otto Brunfels).

Ein weiterer Name für die Bilse war im alten Griechenland: Apollinaris (herba apollinaris = Kraut das Apollon) und ebenso: Pythonion[166], woraus man geschlußfolgert hat, daß die orakelsprechende Pythia sich mit Hilfe von Bilsenkrautdämpfen in einen Zustand seherischer Versenkung begeben hat. Letztlich war es Apollon selbst, der die Weissagungen durch den Mund einer in Ekstase oder Raserei versetzten Person (zumeist Frauen oder Jungfrauen, „Sibyllen“) offenbarte.

Auch bei den Kelten war das Bilsenkraut einem Gott geweiht: dem Sonnengott Belenus; es trug daher auch den Namen „belinuntia“. Plinius der Ältere (23-79 n. Chr.), römischer Heerführer und Schriftsteller, berichtet in seiner Naturgeschichte, daß bereits ein Absud von nur vier Blättern des Krauts genüge, die Sinne des Menschen zu stören, und daß das Öl der Samen, ins Ohr geträufelt, Wahnsinn auslöse. Die Gallier kannten auch das Bilsenkraut; sie bestrichen ihre Wurfspieße damit, um das Wild sicher zu töten. Otto Brunfels, der erste der „Väter der Botanik“, bezeichnet die Pflanze als „Bilsamkraut“ und „faba suilla“ (Kräuterbuch von 1532); er folgt der Dreiteilung des Dioscurides und lehnt ebenfalls die beiden ersten Arten ab, als „gyfftig vnnd schädlich/ machen vnsinnig vnd schöllig/ gleich einem drunckenen menschen.“ Leonhard Fuch will das Kraut nur „mit guter bescheydenheyt“ angewandt wissen, und der italienische Gelehrte Pierandrea Matthiolus warnt in seinem (1563 erstmals deutsch veröffentlichten) Kräuterbuch: „Ich hab Bawrenkinder gesehen, die diesen (Samen) gegessen hetten, die waren so tämisch und unsinnig, daß die Eltern meyneten, sie weren vom bösen Geist besessen“. Im 15. Jahrhundert soll das Bilsenkraut auch als Betäubungsmittel bei Operationen verwendet worden sein. Hieronymus Bock,der 1546 ein - mehrfach wiederaufgelegtes - wahres Volksbuch der Botanik herausbrachte, stellt zunächst zur Artenvielfalt fest: „In vnsern Teütschen Landen wissen wir nur von einem Bülsenkraut züsagen“, dessen Wirkung er wie folgt zusammenfaßt: „Bülsen kraut blümen vnd samen/ dienen zum schlaff/ stillen schmertzen/ machen aber (zü vil gebraucht) schellig und doll.“ Im Einzelnen führt er dies wie folgt aus:

> *„Bülsen kreütter/ blümen vnnd samen/ seind kalter natur/ sollen selten in leib genommen werden/ Darumb daß diß gewächß in leib genommen nit alleyn den Menschen/ sonder auch allem Vihe schädlich ist. Solches kan man an den Fischen im wasser warnemen/ wann die Fisch durch die Landstreicher mit Bülsen vnnd*

[165] FÜHNER, S. 289

[166] Pythonisches Kraut = Kraut des Apollo Pythios, des weissagenden Apoll; Pythia war die Priesterin des Gottes im Orakel zu Delphi, das ursprünglich „Pytho“ hieß.

Kokilien körner im aaß betrogen werden/ Also das sie daruon doll werden/ springen auff/ vnnd keren zületst das weiß vbersich/ das sie mit den händen in solcher dollheyt gefangen werden. Die Hüner auff den balcken fallen heraber/ wann sie den rauch von Bülsen gewar werden. Solche künstlin treiben die Zygeiner vnd jre gesellschaft."

Die Zigeuner sollen auch an der Verbreitung der Pflanze beteiligt gewesen sein, da sie das „Zigeunerkraut", wie die Bilse auch genannt wird, bei ihren Künsten gebrauchten.

Brauchtum und Überlieferung: Bischof Burchard von Worms (gest. 1025), von dem eine Sammlung kirchlicher Dekrete seiner Zeit überliefert ist, hat darin auch ein Buß- und Beichtbuch („Deutsches Bußbuch") hinterlassen, in dem bestimmte heidnische Praktiken beschrieben und jeweils mit Buße bewehrt wurden (Kirchenbuße). Hier findet sich auch eine Schilderung des zauberischen Regenmachens mit Bilsenkraut, eine damals wohlverbreitete Sitte im südgermanischen Raum:[167]

„Tatest du, was gewisse Frauen zu tun pflegen? Wenn sie Regen benötigen und keinen haben, sammeln sie mehrere Mädchen und erwählen sich daraus eine kleine Jungfrau gewissermaßen zur Anführerin. Sie entblößen sie und führen die so Entblößte außerhalb der Siedlung an einen Ort, wo sie hyoscyamus finden, was auf deutsch Bilse heißt. Sie lassen sie das Kraut mit dem kleinen Finger der rechten Hand ausreißen und das entwurzelte Kraut an der kleinen Zehe des rechten Fußes mit irgendeinem Band befestigen. Dann führen die Mädchen, von denen jedes eine Rute in Händen hält, die besagte Jungfrau, die das Kraut hinter sich herzieht, in den nächsten Fluß, und mit eben den Ruten bespritzen sie die Jungfrau mit Flußwasser, und so hoffen sie, mit ihren Zaubereien (oder Zaubergesängen: incantationes?) Regen zu erhalten. Dann führen sie die besagte Jungfrau, nackt, wie sie ist, und die Füße nach Art des Krebses aufsetzend und bewegend, an den Händen vom Fluß zur Siedlung zurück. Wenn du das getan oder zu tun zugestimmt hast,..."

Vermutlich hat hier die halluzinogene Wirkung des Bilsenkrauts (Rauschen im Ohr, Geräusch des niederströmenden Regens) eine Rolle gespielt; das nackte Mädchen steht für die vegetationskräftige Erde, welche - um „trächtig" zu werden - vom (männlichen Himmel befruchtet werden muß, hier dargestellt durch Bespritzen mit Flußwasser mit Hilfe der Rute (die Rute, Lebensrute, als phallisches Symbol). Der „Krebsgang", also das Rückwärtsgehen beim Verlassen des Ortes der magischen Handlung, ist wichtig, weil sonst - bei Zukehrung des Rückens - der Zauber wieder unwirksam gemacht würde; das Anbinden bzw. ausreißen „mit rechts" entspricht der Lebensseite; die linke Körperseite ist die Todesseite[168]. Interessant ist, daß noch um 1825 ein Regenzauber im Rheinland üblich war, indem Dorfbewohner Bilsenäste in

---

[167] Zit. nach HASENFRATZ, S. 86

[168] HASENFRATZ, aaO. – Auf dem Balkan soll heute noch ein ähnlicher Brauch herrschen, bei welchem das nackte Mädchen bei anhaltender Dürre mit Laub umkleidet und mit Wasser begossen wird.

eine Quelle tauchten und die daran haften gebliebenen Wassertropfen auf den heißen Sand sprengten.[169]

Nach Meinung des Volkes kann man mit Bilsensamen Streit und Zank hervorrufen. Hexenprozeßakten aus Goslar berichten darüber, daß zwei Liebende sich plötzlich hassen, wenn jemand - die geständige „Hexe„ des 16. Jahrhunderts - Bilsenkrautsamen zwischen die Liebenden gestreut und dabei gesprochen hat:[170]

„Hir seie (säe) ik wilde saat,
dartu gaff (gab) de duvel (Teufel) den rat,
dat alse lange se sik hassen und miden (meiden)
wente dat man düsse saat magk sniden."

In einer in München aufbewahrten Handschrift heißt es:[171] „Pilsensam in der padstuben auf den Ofen gegossen macht dy läut an einander slahen (schlagen, klatschen) mit den padschefflein (Bade-Schaff, Kelle)". Aus Lettland wird berichtet, daß Besucher von Badestuben sich auf den Schwitzbänken bis zum Morgen besessen mit den Besen peitschten, wenn man ihnen heimlich - etwa aus Rachegelüsten - Bilsensamen auf den Heizofen gestreut hatte. Mit Bilsensamen, unter dem rechten Zauberspruch vor die Tür eines Ladens gestreut, kann man auch die Vorbeikommenden bannen, einzutreten und Ware, die niemand haben will, um jeden Preis zu kaufen[172]. Nach den Akten eines pommerschen Hexenprozesses von 1538 zwang eine Frau einen Mann auf magische Weise, ihr nachzulaufen, indem sie ihm folgendes heimlich ins Schuhwerk legte: Bilsensamen, Knochen vom Schädel eines Toten, Erde vom Grab des ertrunkenen Scharfrichtersohnes, Salz sowie Genitalhaare[173].

Das Bilsenkraut darf auch in keiner Hexensalbe fehlen; es muß dazu jedoch an einem Sonnabend bei sinkender Sonne geschnitten worden sein.[174] Wild läßt sich vom Jäger erfolgreich herbeilocken, wenn er eine Stunde zuvor Fett und Blut der zu jagenden Tierart mit Bilsenkrautsaft tränkt und am gewünschten Ort der Jagd vergräbt.

In der Volksmedizin wurde die Bilse, meist unter Ansprache mit bestimmten Zauberformeln, gegen Gicht und Rheuma, gegen Schmerzen aller Art und hier besonders gegen die Zahnschmerzen (gegen die man den Rauch von erhitzten Samen inhalierte) angewendet. Ein am Johannistag (24.6.) gepflücktes Bilsenkraut - so eine brandenburgische Anweisung aus den 16. Jahrhundert - muß mit Öl übergossen und in einem Topf in der Erde vergraben werden; in der Christnacht dann um Mitternacht hervorgeholt, wirkt es entscheidend gegen die - damals weitverbreitete - Gicht. Steckt man

[169] HDA, Bd. 1, Spalte 1307
[170] MARZELL, Die heimische Pflanzenwelt, S. 104
[171] SIMONIS, S. 581
[172] MARZELL aaO. – Ein Geständnis derselben „Hexe„ des Goslaer Prozesses aus dem 16. Jahrhundert., vgl. Fußnote 168
[173] HDA, aaO.
[174] MONTANUS, S. 141

Bilsenkräuter an Haustüren und Stalltore oder in den vier Ecken des Stalles auf, so schützt dies vor Geistern und Dämonen und verhindert die Behexung des Viehs.[175]

Die Bilse als Mittel für Vergiftungen wurde schon erwähnt, wenngleich ihre Giftigkeit hinter Tollkirsche oder Stechapfel zurückbleibt. Schon der Regensburger Domherr Konrad von Megenberg (1309-1374) warnt in seinem „Buch der Natur" (1350) davor, den Bilsensamen einem Menschen zu essen zu geben, denn er „tötet" und „bringt das Siechtum der Vergessenheit". Auch Shakespeare war von der tödlichen Giftwirkung - durch Einträufeln ins Ohr (einer Methode, die heutigen Erkenntnissen wohl nicht standhält) - überzeugt; in seinem Drama „Hamlet" heißt es, als der Geist des ermordeten Königs Hamlet erscheint:

> *„.....da ich im Garten schlief,*
> *wie immer meine Sitte: nachmittags,*
> *beschlich dein Oheim meine sich're Stunde*
> *mit Saft verfluchten Bilsenkrauts im Fläschchen*
> *und träufelt in den Eingang meines Ohrs*
> *das schwärende Getränk, wovon die Wirkung*
> *so mit des Menschen Blut in Feindschaft steht,*
> *daß es durch die natürlichen Kanäle*
> *des Körpers hurtig wie Quecksilber läuft."*

In Litauen soll die Pflanze den Namen „Altsitzerkraut" tragen, weil sie in ländlichen Gegenden dazu herhält, die Altenteiler (Altbauern), als unnütze Kosten- und Lastenverursacher, umzubringen. Auch heißt es, daß bei den Hexenprozessen schon mal ein mitleidiger Folterknecht der „Hexe„ einen Bilsentrank gewährte, so daß sie in Dämmerschlaf verfiel und so die Qualen besser ertragen konnte.[176]

Seit alten Zeiten war es üblich, dem Bier Bilsensamen zuzusetzen, um es berauschender zu machen; die Pflanze wurde zu diesem Zweck von den Bierbrauern auch angebaut. Schon Perser und Ägypter verwendeten hierzu die Art H.muticus; in Sibirien waren die Wurzeln von H.physaloides in Gebrauch, sowie das schwarze Bilsenkraut (H.niger), das auch in Deutschland lange Zeit zu diesem Zweck verwendet wurde. Schon im 16. Jahrhundert wandten sich Polizeiverordnungen gegen diesen - nicht ungefährlichen - Mißstand, das Bier mit „Pilsensam" aufzumöbeln. So lautet eine Bestimmung aus Eichstätt (Franken) von 1507, daß die Brauer bei Strafe von 5 Gulden keine Bilsensamen und andere „den Kopf tollmachende Stücke und Kräuter" dem Bier beigeben dürften. Ähnlich heißt es in der bayrischen Land- und Polizeiordnung von 1649: „Wer aber andere Kräuter und Samen, fürnehmlich Bilsen, in das Bier tut, der soll, wie auch der Verkäufer solcher Kräuter, nach Ungnaden gestraft werden".[177] Wie sich die „Bierverstärker" tatsächlich auswirkten, ist nicht überliefert; die Betrunkenen haben angeblich alle Dinge besonders groß gesehen; sie weinten häufig, fürch-

---

[175] HDA, Sp. 1308

[176] HAERKÖTTER, S. 38 – unter Hinweis auf eine Luzerner Urkunde aus den 16. Jahrhundert.

[177] FÜHNER, S. 293 unter Berufung auf GMELIN

teten zu sterben und anders mehr.[178] Letztlich war nicht ausgeschlossen, daß es auch zu Todesfolgen kam, denn schon im 17. Jahrhundert hatte der Kräuterbuchverfasser und Apotheker Tabernaemontanus aus Bergzabern gewarnt, das Bier aus anderem als aus Hopfen und Malz zu bereiten:

„Die aber mit Bilsensamen und anderen dergleichen schädlichen Dingen das Bier stärken, sollen verworfen und verdammt werden, und sollte man diejenigen, so mit dergleichen schädlichen Künsten das Bier verfälschen, als abgesagte Feind des menschlichen Geschlechts, als Dieb und Mörder an Leib und Leben strafen." Denn: „Biere mit Bilsensamen soll Niemand trinken, denn diejenigen, so das Leben verwirkt haben, denn sie bringen Hirnwüten, Unsinnigkeit und bisweilen den jähen Tod."

Doch noch bis ins 19. Jahrhundert hinein war der alte Brauch, die „tollmachende" Bilse (plattdeutsch: „Dull Dill" = tollmachender Dill) trotz aller Verbote dem Bier zuzusetzen, in Deutschland nicht ausgestorben; erst die Anhebung des Alkoholgehaltes - das Bier war in früheren Zeiten schwach eingebraut! - wird wohl ein Ende der Bilsenzeit eingeläutet haben.

Inhaltsstoffe und Wirkungsweise: Das Bilsenkraut enthält - wie Tollkirsche und Stechapfel - die drei Tropanalkaloide L-Hyoscyamin, Atropin und Scopolamin, allerdings in deutlich geringerem Maß; prozentual steigt der Alkaloidgehalt von der Wurzel (0,08%) über Blätter (0,17%) zu den Samen (0,3%) an. Die industrielle Gewinnung stützt sich auf die Art H.muticus, die bis 1,76% Alkaloid enthält.[179] Das Mischungsverhältnis der drei giftigen Wirkstoffe zueinander neigt sich beim Bilsenkraut zugunsten des Scopolamins; es ist zu 40% an der Gesamtmenge beteiligt. So kommt es bei Vergiftungen in der Regel zumeist zu zentralen Lähmungserscheinungen und gesteigertem Schlafbedürfnis; bei stärkeren Dosen treten die zentralen Symptome einer Atropinvergiftung in den Vordergrund (motorische Unruhe, Halluzinationen, Desorientiertheit usw.) Der Homöopath Heinigke skizziert das Krankheitsbild einer Bilsenkrautvergiftung wie folgt[180]:

„Es besteht unwiderstehlicher Hang zum Schlafen, waches Träumen, langer und tiefer Schlaf, betäubungsartiger Schlaf (auch mit Zähneknirschen). Als ungewöhnliche Gemütszustände können auftreten: Erregung bis zur Ekstase mit großer Unruhe, Beweglichkeit und vielem Reden; leidenschaftliche Heftigkeit, Eifersucht, Raserei, Wutanfälle, ebenso auch herabgedrückte Stimmung bis zu Melancholie und stumpfer Gleichgültigkeit. Störungen der intellektuellen Funktionen von Hirn und Hirnnerven mit dem Charakter der Erregung oder der Schwächung: alberne Reden, Gebärden und Handlungen, Begriffsverwirrung,

[178] TABERNAEMONTANUS, Ausgabe 1664, zit. nach FÜHNER aaO.

[179] FROHNE/PFÄNDER, S. 242 und GESSNER/ORZECHOWSKI, S. 34 – Vorkommen. Nordafrika, Arabien, Iran. Die minimale toxische Dosis ist etwa 5 mg Alkaloidsubstanz. (ROTH/DAUNDERER/KORMANN, S. 414)

[180] Zit. nach SIMONIS, S. 585

Delirien, Denk- und Gedächtnisschwäche, Abstumpfung der Fassungskraft. Anfälle von epileptischen Krämpfen, von Starrsucht, Konvulsionen, Kinnbackenkrampf... Im Bereich des Gesichtsorgans: Krämpfe der Augenmuskeln, Hervortreibung und Verdrehung der Augen, stierer Blick und ungewöhnlicher Glanz der Augen. Blutdrang und Blutüberfüllung der Nasengefäße, Nasenbluten; Geruchsmangel. Spannung und schmerzhafte Steifigkeit der Nacken- und Schultermuskeln, aber auch Lähmung der Unterglieder wie viele andere Symptome im Bereich der Glieder und Muskeln. Der Kreislauf zeigt verstärkte, stürmische, unregelmäßige Herzkontraktionen; beschleunigten, vollen und kräftigen Puls; starkes Pulsieren der Halsschlagadern, dann wieder kleiner etwas beschleunigter Puls; verlangsamter, kleiner, kaum fühlbarer, aussetzender Puls, Verminderung der Pulsschläge von 85 auf 59 im einer Zeit von einer Stunde. Die Fieberbewegung geht vom Frostschauer, anhaltendem und heftigem Frost mit darauffolgendem Schweiß, vermehrtem Blutandrang nach der Haut mit erhöhtem Wärmegefühl bis zum Brennen, starker Hitze mit vielem Durst und allgemeinem starken Schweiß. In Bereich der Geschlechtsorgane scheinen gleichgerichtete Erscheinungen vorzuliegen. Es zeigen sich beim Manne Erregung des Triebes mit Erektionen ohne, auch mit gesteigerter Tätigkeit der auf die Geschlechtsliebe gerichteten Phantasie bis zur Satyriasis, auch temporäre Impotenz. Bei der Frau tritt gesteigerter Trieb mit heftiger Erregung der Phantasie (Nymphomanie) auf; hysterische Launen, um 14 Tage zu frühe Perioden und zu starke Blutungen.“

Nach einer Darstellung Levins[181] hat das im Bilsenkraut verstärkt vorkommende Scopolamin auf den menschlichen Organismus folgende Wirkung: Die Kranken

„fühlen im Kopf einen Druck, wie wenn sich ein schwerer Körper auf denselben lagern würde. Gleichzeitig stellt sich das Gefühl ein, wie wenn eine unsichtbare Kraft die Lieder niederdrücken würde. Die Gegenstände erscheinen dem unscharf sehenden Auge in die Länge gezogen. Es erscheinen bei offenen Augen allerlei Halluzinationen des Gesichts, z.B. ein schwarzer Kreis auf silberner oder ein grüner auf goldener Grundlage. Auch Geruch und Geschmack erleiden Veränderungen. Im Schlafzustande umgaukeln Phantasmen das Individuum.“

Nach einer Beschreibung des Toxikologen Haller[182] verrät sich eine Bilsenkrautvergiftung durch diese Anzeichen: „flüchtiger Wahnsinn, erst Fröhlichkeit, die durch lächerliche Gebärden oder tolle Sprünge kundgetan wird; dann wüste Träume von Wollust, die in Wut oder in unempfindliche Gleichgültigkeit übergehen.“ Wie sich die Bilse auf Mönche auswirkt, die im Kloster versehentlich davon gegessen hatten, wird sie folgt berichtet[183]:

Ein Klosterkoch hatte sich einmal vergriffen und Bilsenwurzeln unter dem Cichoriengemüse gesotten. Da gab es unter den Mönchen die tollsten Phantasien.

[181] In seinem Buch „Phantastica“ von 1926, zitiert nach HEARKÖTTER, S. 36f.
[182] Zit. nach MONTANUS, S. 141
[183] MONTANUS aaO.

Der eine zerbiß Haselnüsse und warf sie den Vögeln vor; der andere wähnte ein Herkules zu sein und riß statt eines Eichbaums den Ofen aus, ein dritter sah die Buchstaben seines Gebetbuchs als regsame Ameisen davonlaufen; andere sangen in der Frühmesse ungehörige Lieder oder trieben andere Ungereimtheiten, bis sie durch den Genuß von Öl und Essig wieder zu Sinnen kamen."

Das Scopolamin des Bilsenkrauts soll auch - besonders in Verbindung mit den übrigen Bestandteilen der Pflanze - für halluzinatorische Flugerlebnisse verantwortlich sein,[184] sowie für die Imagination, Tiere zu sehen oder selbst in ein Tier verwandelt zu sein.[185] Eine der Quelle nach näher bei SCHRÖDTER zitierte Hexensalbe besteht aus:

5 Teile Radix belladonna (Tollkirschenwurzel),
8 Teile Aconitum napellus (Eisenhut),
4 Teile Folia Malvae (Malvenblätter),
10 Teile Hyoscyamus niger (Bilsenkraut),
5 Teile Solanum nigrum (schwarzer Nachtschatten),
2 Teile Potentilla reptans (Fünffingerkraut),
10 Teile Papaver somniferum (Schlafmohn),
6 Teile Conium maculatum (gefleckter Schierling) und
6 Teile Helleborus niger (schwarze Nieswurz).

Die beiden mengenmäßig herausragenden Bestandteile sind Bilsenkraut und Mohn; letzterer soll vor allem den Schlaf herbeiführen, während ersteres für das Gefühl des Fliegens verantwortlich ist. Die aus den Kräutern - alle bis auf Malve und Fünffingerkraut sehr giftig! - gezogene Quintessenz soll mit 200 Teilen tierischen Fettes zur Flugsalbe verarbeitet werden; allerdings soll auch bereits der reife Bilsensame, in durchlässigen Säckchen unter den Achselhöhlen getragen, eine Flugempfindung auslösen können.

Abschließend sei über eine Selbsterfahrung des „Phytosophen" Gustav Schenk berichtet, der in den 30er Jahren auch mit Bilsenkrautsamen experimentierte und seine Erlebnisse, die auch die Flugerfahrung mitumfassen, nach eigener Rekonstruktion wie folgt beschreibt:[186]

„Aus Mohnflanzen, Wolfsmilcharten, Schierling, Taumellolch, Tollkirsche und Stechapfel wird die Hexensalbe bereitet. Aber mit dem Genuß des Bilsenkrauts, dieser für den Menschen düstersten, dämonischsten Pflanze, wurde doch die stärkste Visionskraft genährt, eine Nahrung, die den schwarzen Wahnsinn zeugt und von der Tausende von Frauen beherrscht wurden.

Ich erzeugte in mir den schwarzen Wahnsinn und nahm, während die Pflanze von mir Besitz ergriff, teil an der Welt der Dämonen und Hexen und machte mich einer Sünde schuldig, die mich im Mittelalter entweder auf den Scheiterhaufen gebracht oder die mich zum Inquisitor gemacht hätte. Das Unglaubliche ist für

[184] SCHRÖDTER, S. 119
[185] SCHRÖDTER, S. 116f.
[186] SCHENK, S. 89 und 161ff.

wahr zu nehmen: Trotz den Schrecken und Ängsten, trotz den düsteren, entsetzlichen Gesichten, gerade durch die panische Furcht und das hemmungslose Wüten des Blutes blieb als Grunderlebnis ein Rausch von mächtiger, besessener Art, das man fast versucht wäre zu sagen, es sei Wohlbehagen gewesen - wenn nicht Wohlbehagen ein Wort wäre, das so ungenügend diese Form eines genießerischen Schreckens wieder gibt.....

Auf einer Eisenplatte häufte ich den winzigen, grauen, platten Samen auf, legte einen offenen Blechmantel, der als Rauchfang dienen sollte, darum und erhitzte die Platte. Die dunklen Samenschalen platzten auf, der hellere Keimling kam zum Vorschein. Die Hyoscyamusdünste stiegen empor und ich atmete sie ein. Ihr Geruch war eine Mischung von Brenzligem und stark duftend Blumenhaften, ein ganz spezifischer Geruch, der wohl sonst nie wiederkehrt...

Die Bilsenkrautwirkung begann mit einem rein körperlichen Unbehagen. Die Glieder verloren die Sicherheit, die Schmerzen hämmerten im Kopf und ein starkes Schwindelgefühl stellte sich ein, während von der Blechplatte noch die Dünste aufstiegen. Es konnte also nicht viel Zeit vergangen sein, als sich die ersten Wirkungen einstellten - höchstens eine Viertelstunde. Ich ging zum Spiegel und konnte mein Gesicht, schwächer als sonst allerdings, erkennen. Es war gerötet und es mußte wohl so sein,- ich hatte doch das Gefühl, als hätte mein Kopf an Umfang zugenommen, er war breiter geworden, dichter auch, voluminöser, schwerer an Gewicht, wie ich glaube, von festerer, dickerer Haut umspannt. Der Spiegel selber schwankte und es war mühsam, mein Gesicht genau in den Rahmen zu halten. Der schwarze Kreis der Pupille hatte sich erstaunlich vergrößert, so, als sei das ganze Auge, das sonst blau war, geschwärzt. Trotz der Pupillenerweiterung konnte ich nicht besser sehen, ganz in Gegenteil, die Konturen der Gegenstände verschwammen, das Fenster und das Fensterkreuz waren von leichtem Nebel verdeckt...

Um die Macht von Bilsenkraut zu begreifen, muß man sich mit mir folgende Vorstellung machen: Die Ohren werden taub, die Augen fast blind, sie sehen im Nebel nur noch den Umfang der Dinge, aber ihre Grenzen verwischen sich. Langsam wird man von der Außenwelt abgeschnitten, unrettbar ist man sich selber und nur seinem Inneren verfallen. Das Zimmer tanzt, der Boden, die Decke, die Wände, sie schwanken langsam nach rechts und dann wieder nach links. Doch man hat nicht mehr das Gefühl, sich selber zu bewegen, wenn man sicherlich auch schwankend herumgeht im unveränderten Raum...

Nun folgte wohl Bild auf Bild, und es waren Trümmerhaufen unserer realen Bilder. Ich sah sie in Raum meiner Augen, sie waren nicht erdacht und nicht ersonnen vom vorübergehenden Wahnsinn. Die ungehemmte Heiterkeit verging schnell und machte einem Erstaunen darüber Platz, daß alles, was ich sah, hemmungslos verkehrt erschien. Eine quellende, rußige Wolke war eine Frau, wenigstens das Wesen einer Frau. Sie enthielt alles Weibliche, so gewalttätig, so besessen, daß dieser Eindruck der Beschreibung unbedingt widersteht.

Obwohl ich kaum gehen und stehen konnte, packte mich doch ein entfesselter Trieb, mich zu bewegen. Da die Beine aber fest an den Boden geschmiedet schienen, so mußten die Hände greifen, fassen, etwas halten, auseinanderteilen und zerreißen. Da sie es wollten, darum waren auch gleich die Dinge da, die bewegt, ausgelesen und zerrissen werden konnten. Tiere, die ich scharf sah, mit verzerrten Grimassen und starren, schreckerfüllten Augen, fliegende Steine, Nebelwolken, die alle in einer bestimmten Richtung vorwärtstrieben. Sie nahmen mich unwiderstehlich mit. Ihr Farbton ist zuvor zu beschreiben - doch es war keine reine Farbe, ein unbestimmtes graues Licht umgab sie, aus dem es düster glomm und fortrollte nach oben in einen kohligen Himmel hinein.

Im ganzen: Ich wurde in eine flackernde Trunkenheit geschleudert, in einen Hexenkessel der Tollheit. Ein Wasser floß oben, ebenfalls blutig dunkel, der Himmel war mit ganzen Tierherden gefüllt. Zerfließende, ungestaltete Wesen tauchten aus der Erde auf. Ich hörte Worte, sie waren aber völlig falsch und sinnlos und hatten für mich dennoch einen versteckten Sinn. Ich selber muß wohl gesprochen haben, aber albern und übertrieben, mein Arm sprach, so glaubte ich, mein Fuß, und ich antwortete darauf, gänzlich unsinnig, und ich wußte auch, daß es verkehrt und unangebracht war, was ich sprach. Dennoch mußte ich mich so ausdrücken, damit man mich verstehen konnte.

Die Zähne preßten sich mir aufeinander, und dann erfaßte mich ein Rausch von Zorn und gesteigerter Wut. Ich weiß, daß ich im Entsetzen zitterte, aber ich weiß auch, daß eine Art Wohlgefühl mich durchdrang - doch es war ein Wohlgefühl besonderer Prägung, denn nun in der Raserei wurden die Füße leichter, sie dehnten sich, lösten sich, und mit der Empfindung der allmählichen Lösung kennzeichnet man die Giftmacht am ehesten. Die Trennung erfolgte einzeln. Der Kopf wuchs allein für sich, und ich erlebte die panische Angst der körperlichen Teilung. Gleichzeitig begleitete der Rausch des Fliegens und der irdischen Entspannung diesen Wahnsinn - immer gleichzeitig, so daß Entsetzen und Lust aus der gleichen Tiefe hervorzukommen schienen. Hier war Lust ganz und gar erotische Lust, ein Gefühl des Eros, dem wir Menschen stets unser Dasein verdanken. Nun, nachdenkend, nacherlebend, wird es mir ganz klar, daß die unbeschränkte Wollust ohne Hemmung gerade durch ihre Stärke Entsetzen und tödliche Furcht hervorrief - denn beides gehört zusammen. Die ungezähmten Triebe stammen immer aus der Urglut, wo Lust und Unlust noch keine Gegensätze sind...

Mich durchrang nicht nur die Gewißheit des Untergangs, der Auflösung meines ganzen einheitlichen Körpers, der doch zusammengehörte – sondern der Zustand verschaffte mir auch eine animalische Befriedigung, denn nun flog ich. Die Lähmung war gebrochen, die verschlossenen Kammern entließen mich und ich zog dahin, wo meine Halluzinationen, die Wolken, der düstere Himmel, Tierherden, fallende Blätter, die wiederum nicht gewöhnlichen Blättern glichen, wo quellende Dampffahnen, Erzströme und das ganze schwarze, sinnlose Chaos fortschwammen. Ich erlebte es nicht schlafend, mit beruhigten Gliedern, sondern ich weiß heute, daß ich sicherlich in Bewegung war, ja, daß der Bewegungstrieb, wenn auch nicht das Bewegungsvermögen, das wesentliche Merkmal des Hyoscyamusrausches ist...

Das Ende der Sinnestäuschungen geht in ein schmerzhaftes Bewußtsein über. Mißbehagen, Übelkeit breiten sich jetzt allein aus. Das graue, trostlose Elend der seelischen Verfassung wird noch durch die Unsicherheit des Körpers verstärkt. Gesicht, Gehör, Geruch und Getast gehorchen noch nicht dem Willen und scheinen, noch ganz unter dem Einfluß des Bilsenkrauts stehend, ihre eigenen Wege gehen zu wollen ...“

Stechapfel (datura stramonium)

Äußeres Erscheinungsbild: Der gemeine (oder: weiße) Stechapfel ist eine einjährige, bis etwa 1 m hohe Staude mit sparrigem, vergabeltem Stengel und grob gebuchteten, gestielten Blättern. Die 6-8 cm langen trichterförmigen fünfzipfeligen Blüten sind weiß; bei der Unterart d.tatula violett; die eiförmigen, bestachelten, aufrecht stehenden Früchte sind zuerst grüne, dann braun werdende Kapseln, die von oben her in vier Teilen aufspringen und zahlreiche schwarze Samen freigeben. Die Pflanze blüht Juni bis September auf Ödland, Schuttplätzen, als Feld- und Gartenunkraut, vornehmlich im südlichen Europa (z.B. Toskana). Die Gattung Stechapfel ist mit vielen (auch andersfarbig blühenden) Arten über die Erde verbreitet; baumartige Vertreter wachsen in Südamerika und werden gern in Parkanlagen kultiviert.

Herkunft und Geschichte: Über die Herkunft des Stechapfels und den Zeitpunkt seiner Verbreitung in Mitteleuropa gehen die Meinungen auseinander. Als gesichert kann gelten, daß er ursprünglich in unseren Breiten nicht heimisch war; auch im antiken Griechenland und Rom wird er nicht eindeutig beschrieben. Hildegard von Bingen, die erste schreibende deutsche Ärztin und Botanikerin (1098-1178), kennt ein Kraut „stramonia“, das jedoch wahrscheinlich nicht mit Stechapfel identisch ist. Nach gängiger Theorie haben ihn die Zigeuner (denen er Zauberpflanze war) aus dem westlichen Asien (Kaukasus, kaspisches Meer) bei ihren Westwanderungen gegen Ende des Mittelalters mitgebracht und während des dreißigjährigen Krieges in Europa verbreitet. Allerdings traten die ersten Zigeuner schon 1417 in Deutschland auf[187], während die Kräuterbücher des Mittelalters ihn nur teilweise erwähnen; vielleicht war er zunächst weitgehend als Zierpflanze den Gärten vorbehalten. Otto Brunfels, der zeitlich erste der „Väter der Botanik“, kennt in seinem Kräuterbuch von 1532 den Stechapfel nicht, und Hieronymus Bock berichtet in dem seinen (1539, bebildert: 1546) nur über datura metel, eine in Südasien verbreitete Art: „ein fremder oepffel“. Leonhard Fuchs gibt in seinem Kräuterbuch von 1543 einen interessanten Hinweis:[188]

[187] KIESEWETTER, S. 568
[188] Zit. nach DUERR, S. 440

„Die Stechenden öpffel muessen von den samen auffgezogen werden in den gärten/ sonst komen sie von sich selbst nit in vnsern landen; dann sie ein frembd gewechß seind... newlich in vnser land gebracht."

In seinem nur auf die Bilder beschränkten Auszug (sog. „kleines Buch" von 1545) ist keine Abbildung den Stechapfels vorhanden. Matthiolus, der italienische Arzt und Botaniker, erwähnt in seinem Kräuterbuch (deutsch 1563) schon die Giftigkeit der Pflanze und empfiehlt als Gegenmittel, warme Butter zu trinken und Hände und Füße in warmes Wasser zu halten.[189] Im 17. Jahrhundert nennt Joh. Joachim Becher in seinem „Parnassus medicinalis" (1663) seine Einschätzung, nach welcher in der Apotheke nichts von dieser Pflanze zu gebrauchen sei,[190] und im „Lust- und Arzeneygarten" des Freiherrn von Hohberg (1669) findet sich, unter einer schönen Abbildung, der Hinweis: „Stechöpffel blühen schön, ihr sahmen aber macht unsinnigkeit dem haubt."[191] Der schon mehrfach erwähnte Arzt und Dämonologe Johannes Weier kennt in seinem Buch „De praestigiis daemonum" (1586) eine Pflanze „datura" als ein „Kraut bey den Indianern/ welches in Malauar[192] wächst", und sein Zeitgenosse Giambattista della Porta meint mit seinem Hinweis auf „stramonium" als Bestandteil einer Hexensalbe vermutlich auch die Gattung datura. Ob die Entdecker Lateinamerikas (Neuspanien, Mexiko) etwa 100 Jahre nach den Zigeunern dort ebenfalls datura stramonium fanden und (zunächst in den Ziergärten, woraus er verwilderte) nach Europa brachten, wie einige Forscher glauben[193], mag dahinstehen; sicher ist jedenfalls, daß der Stechapfel wegen seines relativ späten Auftretens in der Wildflora Europas nicht ursprünglich schon Bestandteil der Hexensalben sein konnte, sondern sich wohl erst später zu Tollkirsche und Bilsenkraut dazugesellte[194] - worauf es aber nicht entscheidend ankommt, da die im Stechapfel vorhandenen giftigen Alkaloide ebenso in den beiden anderen Pflanzen vorhanden sind.

Brauchtum und Überlieferung: Eine bedeutende Rolle spielt der Stechapfel bei den Zigeunern: als Abwehrzauber wird er gegen den Blitzschlag verwendet (daher auch sein Name „Donnerbeere"), und im Heilwesen bedienten sich die Frauen der Zeltzigeuner des Stechapfelsamens, um beim ersten Krankenbesuch den Körper des Kranken damit einzureiben; zu diesem Zweck hatten die zauberkundigen Frauen stets ein Beutelchen mit Stechapfelsamen bei sich.

Weitere Bedeutung hatte der Stechapfel bei der Dämonenabwehr und als Orakelpflanze. Bei starkem Kopfweh erstiegen die Zigeuner einen „glücklichen" Berg, setz-

---

189 SIMONIS, S. 598. In der von J. Camerarius übersetzten deutschen Ausgabe von 1586 (mit Bildern von Conrad Gessner) werden – auch bildlich – zwei Sorten Stechapfel unterschieden: die (offenbar mit d.stramonium identische) d.tatula, gegenüber der aus Asien stammenden d.metel; vgl. dazu: I. Müller in Feldmann (Hrsg.), Blüten und Blätter, illustrierte Kräuter- und Pflanzenbücher aus 5 Jahrhunderten, Münster 1996, Seite 17.

190 SIMONIS, aaO.

191 DUERR, S. 127

192 Vielleicht: Malabar, an der Malabarküste im Südwesten Indiens. Dort wächst datura metel.

193 Vgl. DUERR, S. 438

194 Für viele: DUERR, S. 285, abl. SIMONIS, S. 589 und DUERR, S. 126

ten sich dort nieder und warfen Stechapfelsamen hinter sich, um Heilung zu erlangen. Und die Verbreitung der Pflanze in ferne Länder wird nach der Legende so erklärt: Ein Zauberer war unzufrieden mit seiner Frau, obschon sie ihm zahllose Kinder geboren hatte; er verwandelt sie in eine Stechapfelstaude und verhängt den Fluch: Sie und ihre Nachbarn sollen fortan ruhelos und heimatlos über die Erde wandern müssen.[195]

In China wurde Stechapfelsamen Jahrhunderte lang dem Bier zugesetzt, um es berauschender zu machen; auch die Kosaken in Rußland geben aus diesem Grunde die zerdrückten Samengehäuse des Stechapfels dem Bier zu.[196] Daß Diebe ihr Opfer gern vorher mit Stechapfelsamen „auflockerten“, hat schon Johannes Weier (1586)[197] beschrieben:

> *„Desselbigen Samen werffen die Diebe vnnd Strassenräuber den Leuthen/ die sie berauben vnnd plündern wöllen/ in das essen/ da verlieren sie gleich alle witz/ lachen nur/ vnd lassen jhnen frey ohn alle verwegerung die diebe nemmen/ was sie nur jmmer wöllen/ vnnd diesselbige verrückung weret bey die vier vnnd zwantzig stunde.“*

Ein ähnlicher zeitgenössischer Bericht (vom Ende den 17. Jahrhunderts) wird noch genauer:[198]

> *„Wenn man Jemanden nur ein wenig davon eingibt, wird er in seinen Sinnen dermaßen zerrüttet und begaukelt, dass man vor ihm thun kann, was man will, und er dess anderen Tages gar nichts darum weiß. Solche seine Sinn-Beraub-oder-Bethörung und Betoberung währt 24 Stunden lang. Indessen kann man Einen die Schlüssel aus dem Schiebsack ziehen, Truhen und Schreibtisch aufsperren vor seinen Augen: und muß er mit sich umgehn lassen, wie man will: er merckt und versteht nichts davon; so ist ihm auch folgenden Tages nichts davon bewußt.*
>
> *Mit den Weibsbildern kann gleichfalls vermittelst dieses Mittels Mancher seines Gefallens pflegen und viel, ja gleichsam Alles von ihnen zu Wege bringen. Daher ich nicht glaube, dass ein schädlicheres Kraut auf Erden zu finden sei, durch welches man so viel böse Sachen wiewohl natürlicher Weise stiften könne.“*

Andere Autoren erwähnen, korrespondierend zu dieser letzteren Erfahrung, eine erotisierende Wirkung des Stechapfelgenusses; er wurde eingesetzt, wenn es um sexuelle Abenteuer ging, den „Widerstand der Weiber“ zu brechen, ein „Mittel der Hurenwirte, schlimmer Mädchenverführer, entarteter Buhlerinnen und frischer Wollüstlinge“.[199] Von einem Mittel der „schamlosen Geilheit“ berichtet auch der Giftforscher J.S. Halle 1784[200] und empfiehlt es den Dichtern:

---

[195] SIMONIS, S. 598
[196] FÜHNER, S. 283 und 293
[197] WEIER, S. 196
[198] Zit. nach HAERKÖTTER, S. 43
[199] HAERKÖTTER aaO.
[200] Zit. nach DUERR, S. 441

„Aus dem zerstoßenen, und in Wein geworfenen Samen entsteht eine künstliche, magische, und phantastische Tinktur, die einem Dichter den höchsten Flug in Oden, durch den Trunk von unser botanischen Hypocreme verschaffen würde; indem sie die Bilder der Einbildungskraft, auf das Leibhafteste anfeuret, und den natürlichen Musenantrieb über alle Weinbegeisterung biß zur Parnaßspitze hinauf wirbelt. Einige der Vergifteten bezeigen sich lustig, andre schlafen als Stoiker ein. Ein Viertheil Quentgen vom zerstoßnen unter Essig gemengten Saamen begeistert; hingegen tödtet ein halbes Loth ohnfehlbar.“

Inhaltsstoffe und Wirkungsweise: Der Stechapfel enthält in allen Pflanzenteilen die Tropanalkaloide L-Hyoscyamin, Atropin und Scopolamin, in schwankender Zusammensetzung; jüngere Pflanzen sollen vermehrt Scopolamin enthalten.[201] Der Alkaloidgehalt ist in den Früchten (0,66%), Blüten (0,61%) und Samen (0,58%) am höchsten und sinkt in Blättern (0,38%) und Wurzeln (0,23%) ab; in den farbigen Blüten der baumförmigen Exoten soll der Scopolamin-Anteil bis zu 2/3 betragen. Vergiftungen werden selten beobachtet, da das Äußere der Pflanze kaum zum Verzehr reizt. Häufiger dagegen ist der Einsatz als Selbstmord- oder Mordpflanze sowie als Rauschdroge. In Frankreich wurden Ende des 18. Jahrhunderts strenge Verordnungen gegen die „Endormeuers“ erlassen, Giftmischer, welche ihre Opfer erst mit Stechapfel betäubten und dann ausraubten; dies geschieht noch heute in Indien (Raum um Agra) mit Eisenbahnreisenden. Die Vergiftungserscheinungen ähneln denen bei der Tollkirsche; wegen des z.T. höheren Scopolamingehaltes des Stechapfels können aber zentralsedierende und halluzinogene Reaktionen in den Vordergrund treten. Berichtet wird[202] von einem Motorradfahrer, der Schwierigkeiten mit dem weißen Mittelstreifen der Fahrbahn hatte (dieser würde ständig aufspringen und sich um seine Beine wickeln!), oder einem anderem Patienten, welcher Gespräche mit einem unsichtbaren Gegenüber führte und sich von schwarzen und roten kniehohen Spinnen verfolgt fühlte. Oft ziehen sich die Vergifteten auch nackt aus (was wohl mit einem Wärmestau wegen gestörter Schweißdrüsenfunktion zu tun haben mag). Halluzinationen treten etwa 2-4 Stunden nach Einnahme das Stechapfelgiftes auf und können sich über mehrere Tage hinziehen.[203]

Stechapfelkulturen gibt es in Rußland und auf dem Balkan; sie dienen der Atropinerzeugung im Wege des Exports. In der Homöopathie wird eine „Stramonium“ genannte Essenz aus den frischen Blättern gegen manische Erregungszustände und Nervenentzündungen (Kopf!) verwendet. In der Medizin spielt der Stechapfel keine Rolle mehr; der bis in die 70er Jahre übliche Gebrauch von Asthma-Räucherstäbchen und Asthmazigaretten ist wegen möglicher Vergiftungsgefahren und damit zusammenhängender Suchtprobleme eingestellt worden. Ein anschauliches Bild solcher Wirkun-

---

201 FROHNE/PFÄNDER, S. 240f. und GESSNER/ORZECHOWSKI, S. 35f. – ältere überwiegend Hyoscyamin (ROTH/DAUNDERER/KORMANN, S. 292); Skopolamin zu 80% enthält die Engelstrompete (D.suaveolens), eine brassilianische Kübelpflanze, deren Duft allein schon narkotisiert.

202 FROHNE/PFÄNDER aaO.

203 Eine mehrmalige Vergiftung (besonders mit: Datura tatula) führt zur Verblödung (vgl. unten über Toloachi in Mexiko). ROTH/ DAUNDERER/KORMANN, S. 292f.

gen gibt ein Zeitungsbericht über den französischen Dichter Marcel Proust (1871-1922) wieder, der sein mit aromatisiertem Rauch angefülltes Arbeitszimmer in den letzten Lebensjahren nicht mehr verlassen haben soll, und wo es ausschnittsweise heißt:[204]

„Proust raucht das Mittel zuerst in Zigaretten, um bald das pure Pulver zu verbrennen. Angeblich stört ihn der Geruch des verbrannten Papiers, der eigentliche Grund ist aber, daß er Tag für Tag das Fünfundzwanzigfache der vorgeschriebenen Dosis inhaliert. Bei diesem Verbrauch sind toxische Effekte unvermeidlich. Verglichen mit heute verabreichten Medikamenten ist das 1922 aus den Verkehr gezogene Asthmapulver ein mediokres Mittel, das auf die entzündeten Bronchien keinen Heileinfluß hat. Einer seiner Wirkstoffe aber ist ein schon dem Altertum bekanntes Halluzinogen: Datura, Stechapfel, eine Droge, die schon in Delphi zur Orakelfindung beigetragen haben soll. Proust war drogensüchtig. Er benutzte „Louis Legras", das Mittel mit der höchsten Datura-Konzentration.

Alle bekannten Symptome der Datura-Vergiftung, Desorientierung in Zeit und Raum, Angstschübe, Pupillenerweiterung, Sehstörungen, Herzjagen, Muskelschwäche bis hin zur Ataxie finden sich in seiner Korrespondenz aufgeführt, er selbst schreibt von seinen Vergiftungsanfällen „dus à mes poudres". Auch die Halluzinationen, die dicke schwarze Frau, die ihm kurz vorm Tod Angst einjagt, scheinen dem Stechapfel zu entsteigen, dessen nachlassende Popularität mit der Düsternis der Geschichte zu tun hat, die er erzeugt. Datura-Mißbrauch, auch der noch war ihm von Brissaud vorausgesagt worden. Die Erleichterung, die Datura verschaffe, verführe die Asthmatiker dazu, die Dosis progressiv zu erhöhen, und bald sei er der Sklave des bösartigen Lasters. Auch diesem letzten Spruch hatte Proust nicht entkommen können."

Über Vergiftungserscheinungen mit Stechapfel liegen auch aus der homöopathischen Forschung interessante Berichte vor.[205] So macht etwa der Amerikaner Nash folgende Angaben:

Stramonium sei „vorzüglich das Mittel für hochgradiges Delirium, welches sich von den beiden anderen - Tollkirsche und Bilsenkraut - hauptsächlich durch den Grad der Heftigkeit unterscheidet. Die Raserei ist manchmal furchtbar. Singen, Lachen, Grinsen, Pfeifen, Schreien, kläglich Beten oder gräßlich Fluchen und mehr als bei allen anderen Mitteln: Geschwätzigkeit.[206] Ferner wirft sich der Patient in alle möglichen Lagen, die seinem veränderlichen Delirium entsprechen, kreuzweise, lang ausgestreckt, rollt sich wie eine Kugel zusammen oder macht sich steif, oder fährt plötzlich mit dem Kopf aus den Kissen in die Höhe. Die Gegenstände erscheinen ihm verkehrt und schief. Später kann vollständiger

[204] FAZ vom 25.10.1995

[205] Vgl. SIMONIS, S. 603

[206] Wichtig bei Selbstdenunzierung im Hexenprozeß, nach erneuter Salbung!

Verlust des Gesichts, des Gehörs und der Sprache eintreten, mit erweiterten starren Pupillen und profusem Schweiß, der aber keine Linderung verschafft."

Für einen anderen Amerikaner, Farrington, steht Datura zwischen Tollkirsche und Bilsenkraut:

„Die Spezialsinne sind affiziert. So das Doppeltsehen. Die Gegenstände erscheinen doppelt oder schief."- „Manie oder Delirium wilder Art, das Gesicht hellrot; die Augen sehen wild und blutunterlaufen aus, obgleich sie nicht so stark kongestioniert sind wie bei Belladonna (Tollkirsche). Halluzinationen erschrecken den Kranken; er sieht Dinge, die aus jeder Ecke hervorspringen; Tiere unmöglicher Art erheben sich und ängstigen ihn." Auch Farrington gibt die Geschwätzigkeit an, mitunter gemischt mit Lustigkeit. „Zuweilen bildet sich der Kranke fest ein, sich mit Geistern zu unterhalten. Zuweilen wird die Manie dämlicher Art: Er spricht närrisch und unsinnig und lacht über seine eigenen Witzversuche."

Auch bildet sich der Kranke ein, daß er sehr groß sei oder daß ein Arm sehr lang sei. Zuweilen hat er auch das Gefühl doppelt zu sein oder drei Beine zu haben. Auch ist von „starker Erregung des Geschlechtstriebs bei beiden Geschlechtern, unanständig in seinen Worten" die Rede. Dabei ist davon auszugehen, daß gerade bei den Datura-Arten die Anwesenheit des Scopolamins im Rauschbild ihren Niederschlag findet. In Gegensatz zu Atropin führt Scopolamin zunächst zu einem Zustand des Halbwachseins, in welchem die Willenskraft des Berauschten nachläßt, aber Denk- und Sprachfähigkeit noch vorhanden sind. In einen solchen, tranceähnlichen Zustand neigt der Berauschte dazu, Dinge auszuplaudern, die er normalerweise geheim halten würde (Verwendung im Liebeszauber bzw. als Wahrheitsdroge!); wegen der Herabsetzung der sexuellen Hemmschwelle ebenfalls ein beliebtes Hilfsmittel der mexikanischen Casanovas.[207]

Nach den Reiseskizzen des Schriftstellers L. von Tschudi aus der Zeit 1838-1842 wirkte sich ein aus datura sanguinea (roter Stechapfel) hergestellter Trank, den die Einheimischen Tonga nennen, auf einen peruanischen Indianer wie folgt aus:[208]

„Bald nach dem Genuß der Tonga verfiel der Mann, ein Indianer, in ein dumpfes Hinbrüten. Sein Blick stierte glanzlos auf die Erde, sein Mund war fest, fast krampfhaft geschlossen, die Nasenflügel weit aufgesperrt. Kalter Schweiß bedeckte die Stirn und das erdfahle Gesicht, am Halse schwollen die Jugularvenen fingerdick an. Langsam und keuchend hob sich die Brust, starr hingen die Arme am Körper herunter. Dann feuchteten sich die Augen und füllten sich mit großen Tränen. Die Lippen zuckten flüchtig und krampfhaft. Die Karotiden klopften sichtbar. Die Respiration beschleunigte sich und die Extremitäten machten wiederholt automatische Bewegungen. Eine Viertelstunde mochte dieser Zustand

---

[207] SCHMIDBAUER/SCHEID, S. 289
[208] FÜHNER, S. 287f.

gedauert haben, als alle diese Erscheinungen an Intensität zunahmen. Die nun trockenen, aber hochrot injizierten Augen rollten wild in ihren Höhlen. Alle Gesichtsmuskeln waren auf das scheußlichste verzerrt. Zwischen den halbgeöffneten Lippen trat ein dicker weißer Schaum hervor. Die Pulse an Stirn und Hals schlugen mit furchtbarer Schnelligkeit. Der Atem war kurz, außerordentlich beschleunigt, und vermochte die Brust nicht mehr zu heben, an der nur noch ein leises Vibrieren bemerkbar war. Ein reichlicher klebriger Schweiß bedeckte den ganzen Körper, der fortwährend von den fürchterlichsten Konvulsionen geschüttelt wurde. Die Gliedmaßen waren auf das gräßlichste verdreht. Ein leises, unverständliches Murmeln wechselte mit gellendem, herzzerreißendem Geschrei, einem dumpfen Heulen oder einem tiefen Ächzen oder Stöhnen. Lange dauerte dieser furchtbare Zustand, bis sich allmählich die Heftigkeit der Erscheinungen verminderte und Ruhe eintrat. Sogleich eilten Weiber herbei, wuschen den Indianer am ganzen Leibe mit kaltem Wasser und legten ihn bequem auf einige Schaffelle. Es folgte ein ruhiger Schlaf, der mehrere Stunden andauerte. Am Abend sah ich den Mann wieder, als er gerade in einem Kreis aufmerksamer Zuhörer seine Visionen und seine Gespräche mit den Geistern seiner Ahnen erzählte. Er schien sehr abgemattet und angegriffen zu sein; seine Augen waren gläsern, der Körper schlaff und die Bewegungen träge.“

Tschudi unterstreicht, daß in den älteren Zeiten nur die Priester und Ärzte (beide waren häufig identisch) den Stechapfelaufguß zu sich nehmen durften, da nur sie berufen waren, mit den Göttern in Kontakt zu treten.[209]

Stechapfelarten sollen schon von den Inkas (datura sanguinea) und Azteken (datura stramonium) verwendet worden sein; bei deren heutigen Nachfahren sind sie teilweise durch den (ebenfalls berauschenden) Peyote-Kaktus verdrängt worden. Hexen und Zauberer des alten Stechapfelkults beherrschen die Künste des Fliegens, des Hellsehens (z.B. bei den Regenpriestern), der Kontaktaufnahme zur Geisterwelt und können sich - wie die kalifornischen Indianer - in Tiere (Krähen, Eulen, Falken) verwandeln. Die Jivaro-Indianer berauschen sich bei Initiationsriten an datura arborea und fallen dabei gelegentlich in ein 2-3 Tage dauerndes Koma. Von den mexikanischen Yaqui-Indianern erzählt der Volkskundler Castañeda, daß er dort noch einen echten „brujo“ (Zauberer) getroffen habe, dem er ein „Teufelskraut“ (datura meteloides) verdanke, nach dessen Einreibung er folgende Veränderungen an sich konstatierte:[210] Der brujo

„...starrte mich an. Ich ging einen Schnitt auf ihn zu. Meine Beine waren gummiartig und lang, extrem lang. Ich machte noch einen Schritt. Meine Kniegelenke fühlten sich elastisch an wie eine Sprungstange, sie rüttelten und vibrierten und zogen sich federnd zusammen. Ich bewegte mich vorwärts. Die Bewegung meines Körpers war langsam und bebend, sie war mehr wie ein Zittern nach vornehin und in die Höhe. Ich blickte hinunter und sah D. J. (Name des

[209] FÜHNER, S. 288

[210] Zit. nach DUERR, S. 133 und 442f.

brujo) unter mir, weit unter mir sitzen. Der Schwung trug mich noch einen Schritt vorwärts und dann setzte ich ab. Ich erinnere mich, daß ich noch einmal runterkam, dann stieß ich mich mit beiden Füßen ab, sprang rückwärts und glitt auf meinen Rücken. Ich sah den dunklen Himmel über mir und wie ich die Wolken hinter mir ließ. Ich rückte meinen Körper so zurecht, daß ich hinuntersehen konnte. Ich blickte auf das schwarze Massiv der Berge. Meine Geschwindigkeit war außerordentlich. Meine Arme lagen fest an meinem Körper, und mit dem Kopf gab ich die Richtung an. Wenn ich ihn zurückdrehte, bewegte ich mich in vertikalen Kreisen. Die Richtung änderte ich, indem ich den Kopf zur Seite drehte. Ich erlebte solch eine Freiheit und Schnelligkeit wie nie zuvor. Die wundervolle Dunkelheit erfüllte mich mit Trauer, vielleicht mit Sehnsucht. Es war, wie wenn ich einen Ort gefunden hätte, wo ich hingehörte - die Dunkelheit der Nacht. Ich versuchte, um mich zu blicken, aber alles was ich wahrnahm war, daß die Nacht klar war, und doch war sie voller Macht. Plötzlich wußte ich, daß es Zeit wurde, wieder herunterzukommen, es war, als ob ich einem Befehl gehorchen mußte. Und ich schwebte hinab wie eine Feder, in Bewegungen nach jeder Seite.“

Das Gefühl, fliegen zu können und dabei auch andere Orte zu erreichen und von dort reale Kenntnisse mitzubringen, das dem Stechapfel seine besondere Bedeutung auch im Kultwesen einräumt, wird von vielen Autoren bestätigt; DUERR[211] führt eine Quelle an, nach der eine Frau „die unbeschreiblich angenehme Empfindung rascher Fortbewegung durch den Raum bis zu irgendeiner entfernten Stadt, von wo sie wahres Wissen zurückbringt“, hat. Diese Kunst der Seelenexkursion hat, wie schon angedeutet, auch in der germanischen Mythologie eine lange Tradition. Saxo Grammaticus (gest. 1204), der altdänische Geschichtsschreiber des 12. Jahrhunderts, schreibt sie besonders den Lappen und Finnen zu, und eine diesbezügliche Erfahrung machte noch Mitte des vorigen Jahrhunderts der Erzbischof von Upsala, der anläßlich einer Überprüfung des ländlichen Aberglaubens auf einen reichen Lappen, Peter Lärdel, stieß, der in der Lage war, seinen Körper zu verlassen und das Haus des Erzbischofs mit seiner Ehefrau, viele Meilen entfernt, aufzusuchen.[212]

Der Lappe, in dessen Haus der Erzbischof logierte, erklärte seinem Gast nach einigen Umschweifen: „Ich will Ihnen den Glauben an die Hand geben. Meine Seele, mein Geist, oder wie Sie es nennen wollen, soll vor Ihren Augen das Haus des Körpers verlassen und sich an einen Ort begeben, den Sie dafür bestimmen werden. Nach der Rückkehr will ich Ihnen Beweise dafür liefern, daß meine Seele in Ihrem Dienst an dem von Ihnen bezeichneten Platz gewesen ist. Wollen Sie diese Überzeugung haben?“ Ich willigte in den Vorschlag und trug Lärdel auf, seine Seele in mein Haus zu senden, mir zu sagen, was in diesem Augenblick meine Frau beginne, und die Beweise für seine Anwesenheit daselbst zu liefern.... „Nun wohl, Ihr Herren“, sprach Lärdel, „gönnen Sie mir eine Viertelstunde Zeit

---

211 DUERR, S. 449

212 Der Erzbischof berichtete sein Erlebnis persönlich dem deutschen Kaiser Wilhelm IV., mitgeteilt von Franz Wallner: „Aus meinem Leben“, zitiert nach KIESEWETTER, S. 590

für meine Vorbereitungen"- Kaum war diese verflossen, so erschien unser Hausherr wieder, in der Hand eine Pfanne mit trockenen Kräutern tragend. „Ihr Herren", fuhr er fort, „ich werde diese Kräuter anzünden und ihren Dampf einatmen. Hüten Sie sich aber, meine Herren, in diesem Zustand Versuche zu meiner Wiederbelebung zu machen oder mich nur zu berühren. Der Erfolg wäre mein sicherer Tod, denn in wenigen Minuten wird mein Geist aus dem Körper entweichen und alle Anzeichen das Todes werden an diesem sichtbar werden. In einer Stunde wird mein Körper sich von selbst wiederbeleben und Ihnen Nachricht aus der Heimat bringen." - Nach einer unheimlichen Pause, während welcher keiner von uns ein Wort der Entgegnung finden konnte, setzte der Zauberer die trockenen Kräuter in Brand und hielt seinen Kopf über den übelriechenden narkotischen Dampf derselben. In wenigen Minuten bedeckte Leichenblässe sein Gesicht, der Körper fiel nach kurzen Zuckungen in den Lehnstuhl, in welchem jene Prozedur vorgenommen wurde, zurück und lag regungslos, in allem einem Toten gleichend, da....

Nach einer in atemloser Spannung verlebten endlosen Stunde kehrte langsam aber ersichtlich die Farbe des Lebens wieder auf die Wangen des Entseelten zurück, die Brust hob sich unter stürmischen Schlägen, die nach und nach im ein regelmäßiges Atemholen übergingen. Bald darauf wendete er sich mit den Worten an mich: „Ihre Frau ist in diesem Augenblick in der Küche." - „Jawohl", entgegnete lächelnd der Arzt (einer der Begleiter), „um diese Stunde pflegen, wie Sie wohl wissen, alle Frauen bei uns in der Küche zu sein."- Ohne diesen ungläubigen Einwand einer Entgegnung zu würdigen, beschrieb mir Lärdel meine Wohnung und Küchenräume, die er meines Wissens nie betreten haben konnte, mit allen Details mit peinlichster Gewissenhaftigkeit. „Zum Beweise, daß ich wirklich dort war," schloß er seinen Bericht, „habe ich den Ehering ihrer Frau, den dieselbe bei der Zubereitung einer Speise vom Finger streifte, auf dem Grund des Kohlenkorbes versteckt." - Ich schrieb sofort, es war am 28. Mai, nach Hause und fragte meine Frau, was sie um 11 Uhr an diesem Tage gemacht habe. Ich bat sie, ihr Gedächtnis recht genau zu prüfen und mir recht sorgfältig Bericht abzustatten. Nach 14 Tagen, solange brauchte bei den schlechten Verbindungswegen der Brief und die Antwort Zeit, schrieb mir meine Frau, sie wäre am 28. Mai um diese Zeit mit der Zubereitung einer Mehlspeise beschäftigt gewesen. Es wäre ihr der Tag deshalb unvergeßlich, weil an demselben ihr Trauring verloren gegangen wäre, den sie kurz vorher am Finger gehabt habe, und den sie trotz allen Suchens nicht habe wiederfinden können. Wahrscheinlich habe ihn ein Mann entwendet, der sich in der Kleidung eines wohlhabenden Bewohners der Lappenmarken einen Augenblick in der Küche gezeigt, aber, als er um sein Begehren gefragt worden sei, sich wortlos wieder enfernt habe.- Der Trauring fand sich später in der Küche des Erzbischofs im Kohlenkorb wieder vor."

Daß bereits wenige (25) Stechapfelsamen das Gefühl, den Körper zu verlassen und durch die Luft aufzufahren, bewirken können, beschreibt DUERR an einem Selbstversuch, den er im November 1976 vornahm:[213]

„Von den Erfahrungen mit einer Tollkirschensalbe her, die ich zusammen mit Dr. Petros Kalfelis im Sommer 1975 eingerieben hatte, wartete ich zunächst auf eine Vergrößerung der Pupillen. Als sich etwa eine Stunde nach dem Zerkauen des Samens nichts Derartiges ereignete, ging ich ins Bett.... Im selben Augenblick spürte ich, wie ich langsam aufwärtsschwebte. Ich schloß die Augen, und die Geschwindigkeit wurde immer größer. Wenn ich die Augen öffnete, sah ich nur einen weißen Nebel um mich herum, und mir wurde klar, daß ich meinen Körper „verlassen" hatte, der weit unter mir lag. Wenn ich die Augen schloß, dann ging die rasende Fahrt weiter, doch im Gegensatz zu einigen LSD-Trips hatte ich keinerlei Angstgefühle."

Toloachi ist ein Stechapfelgewächs (gewöhnlich: datura tatula) in Mexiko, aus welchem in den ländlichen Gegenden ein Tee aufgebrüht wird; auch ist das Kauen der frischen Blätter oder der Samen verbreitet; die Frauen reiben sich mit einer (sexuelle Träume fördernden) Salbe ein; die Männer rauchen getrocknete und zerriebene Blätter mit Tabak[214]. Schon geringe Mengen dieser Pflanze (¼ g zerriebener Blätter) bewirken eine erhebliche Persönlichkeitsveränderung. Kennzeichen dafür sind zunächst glänzende Augen - die „Augen der Gottheit", wie die Mayo-Indianer sagen; Ungeduld, Gliederreißen und ein unbeherrschter Bewegungsdrang folgen nach. Die Berauschten stampfen mit den Füßen und bewegen sich, einer den anderen berührend, sinnlos im Kreis. Sie wirken tölpelhaft und weggetreten; die Umgebung ist ihnen gleichgültig. Auf das Stadium der Unruhe folgt ein tiefer, oft von wollüstigen Träumen begleiteter Schlaf; auch Tierverwandlungen werden nicht selten erlebt. Am nächsten Tage stellt sich ein grausamer Katzenjammer ein, der oft mit totalem Gedächtnisverlust verbunden ist; Fingerzittern und Asthmaanfälle lassen den Betroffenen dann leicht zur nächsten Zigarette greifen. REKO beschreibt einen Selbstversuch[215]:

„Ich bereitete mir einen Tee, indem ich 4 mittelgroße Toloachi-Blätter mit heißem Wasser übergoß, und nahm davon vor dem Schlafengehen. Das Resultat war zunächst ein bleierner Schlaf und dann, nach dem Erwachen, ein Zustand von Benommenheit und Verwirrtheit, wie etwa in einem Fieber. Ich wollte Wasser trinken und saugte an meiner Taschenuhr, obwohl mir das Unsinnige dieser Handlung völlig klar war. Ich nestelte an meinem Knie herum und hielt es für eine Schachtel, die ich öffnen wollte, ärgerte mich recht darüber, daß mir das nicht gelang, und hatte innerlich doch den Gedanken: Dummheit, das mache ich doch nur den Kindern zum Spaße vor. Dabei waren aber gar keine Kinder da. Ich selbst

---

213 DUERR, S. 450, ohne Angabe der datura-Art.

214 REKO, S. 77ff.

215 REKO, S. 86f. – Offenbar von seinem Vetter Dr. P. REKO durchgeführt, vgl. auch das Vorwort zur 2. Auflage

bin kinderlos und weiß nicht, wie ich auf diesen Einfall kam. Die Trockenheit im Halse und Schlunde war höchst lästig, daneben fühlte ich im Gesicht eine brennende Hitze und hatte die Empfindung, als sei meine Haut aufs Äußerste gespannt, so daß nur noch ein kleines mehr genüge, um sie platzen zu lassen.... die Folge war, daß ich auf einmal mein Bett auf natürlichem Wege benäßte. Danach fühlte ich mich entspannt und wohler...

„Höchst unangenehm war mir das gesteigerte Tastgefühl. Meine Zunge stieß wie ein Fremdkörper im Munde überall an und ich hatte förmlich das Bedürfnis, sie herauszunehmen und wegzulegen.

Auch die Zähne schienen mir verdreht und zum Teil wie im breiten Gaumen stehend. Mit den Fingern durfte ich keinem Gegenstand zu nahe kommen, ohne daß mich Ströme von Hitze und Kälte durchflossen. Wenn das Federbett meine Zehen berührte, die sonderbarerweise immer krampfhaft auseinandergespreizt standen, hatte ich geradezu einen Brechreiz. Die Annäherung einer Eisblase, die mir meine Schwester auf den Kopf legen wollte, erregte in mir Ekel....

Am nächsten Tag, als ich nach einem ganz wundervoll erquickenden, tiefen Schlaf erwachte, fühlte ich mich etwas verkatert, aber sonst völlig normal. Ich empfand: Noch eine Stunde schlafen und alles ist wieder gut. Aber während ich mich auf die Seite drehte, überkam mich ein elendes Übelbefinden mit Brechreiz und eine böse Trockenheit in der Kehle. Auf einmal hatte ich großen Appetit nach Essig und verlangte diesen. Man brachte mir Essigwasser, das ich mit Behagen trank, und ich fühlte mich darauf wohler. Der unangenehme Zustand hielt aber ohne Unterbrechung, wie ein richtiger Katzenjammer, bis gegen Abend an, wo eine leidliche Besserung eintrat. Die nächste Nacht verbrachte ich unter ziemlich gutem, nur wiederholt durch Zusammenschrecken und Herzklopfen unterbrochenem Schlaf und unruhigen Träumen von erschreckender Greifbarkeit. Noch nie in meinem Leben, soweit ich mich erinnere, habe ich so ungemein plastisch, so klar und deutlich geträumt."

Der Genuß von Toloachi, der von der mexikanischen Landbevölkerung vornehmlich im Glauben an die erotisierende, aufstachelnde Wirkung der Pflanzen vollzogen wird, führt am Ende zu einer Art Verblödung („lebende Leichname" werden solche Personen von den Yaqui-Indianern genannt), gekennzeichnet durch apathischen Gesichtsausdruck, teilnahmsloses Am-Boden-Sitzen mit völligem Desinteresse an der Umgebung (selbst beim Anbieten des früher so geliebten Rauschgifts) bis - eines Tages - zum Tode.[216]

---

[216] REKO, S. 91 – Stechapfel wird auch im Voodoo-Kult Mittelamerikas (z.B. Haiti) verwendet: man gibt ihn Leichnamen ein, wodurch diese wiedererweckt werden zu sogenannten Zombis, die an einem halbidiotischen Gesichtsausdruck zu erkennen sind und als Sklaven verwendet werden. ROBERTS, S. 460 und vgl. auch N. HALL, „Chaos & Hexenzauber", Bohmeier Verlag, Lübeck 1992

Zum Schluß sei ein Rauscherlebnis aus der Gegenwart (vor 1981) mit sog. Asthmazigaretten (auf Stechapfel- oder Tollkirschenbasis) aus der Jugendszene wiedergegeben, das im Interview eines Studenten mit einem Konsumenten berichtet wird:[217]

„Ich kannte in X (norddeutsche Großstadt) einen Typen, der hat sich mit spirituellen Sachen beschäftigt, sich auch so Hexensalben zusammengemischt, und der sagte mir einmal, daß diese Atropine, diese Dr. Körbers Asthmazigaretten (richtig: Bronchialzigaretten; das Produkt wurde wegen verstärkten Mißbrauchs Mitte der siebziger Jahre aus dem Verkehr gezogen) - wie sie so schön heißen - einen sehr guten Törn verursachen und ich das mal ausprobieren sollte. Na ja, und dann bin ich durch die Apotheken gezogen und hab' noch so ein paar von den Dingern erwischt."

Nachdem er neun alkaloidhaltige Zigaretten - in wenig Wasser aufgebrüht - eingenommen hatte, erlebte er intensive, mehrere Stunden anhaltende Rauschzustände mit vielen der auch in bisherigen Selbstversuchen festgestellten Wirkungen: Er hatte Gefühle der Körperveränderung („Meine Beine kribbelten. Ich hatte das Gefühl einer Hautkrankheit"), schwebte über dem Boden, konnte sich nach Wunsch in als realistisch erlebte Situationen versetzen, beschleunigte sich bis zur „Lichtgeschwindigkeit" und flog dann durch Menschen und Häuser hindurch in eine benachbarte Stadt, wo er Bekannte in einen Lokal traf. Bis heute ungeklärt für ihn ist, ob er, wie er am nächsten Tag nüchtern bestätigte, die sehr „realistischen" Eindrücke (ein bestimmtes Geschäft, ein bestimmtes Auto) seiner „Reise" erst während des Rausches oder unbewußt schon in den Tagen zuvor aufgenommen hat. Die einzige auffällige Divergenz zwischen seinen Aussagen und den Berichten der Nachtfahrenden oder modernen Experimentatoren ist, daß er keine sexuellen Erlebnisse hatte. Allerdings könnte man ein „Aufwallen" oder „Gebrodel" in diese Richtung interpretieren, das er beim Durchfliegen einer Frau gespürt hatte.

Alraun, Alraune (Mandragora officinarum)

Äußeres Erscheinungsbild: die bis 20 cm hohe, stengellose Pflanze hat breite fleischige, leicht gekräuselte Blätter, die auf der Oberseite deutlich gerippt sind; sie stehen in Form einer Rosette, aus deren Mitte mehrere glockenförmige, fünfzipfelige gelbliche Blüten mit violettem Kelch wachsen. Die orange-gelben Früchte ähneln in Größe und Aussehen kleinen Äpfeln oder Tomaten. Die kräftige Pfahlwurzel ist meist von oben bis unten gespalten und nimmt dadurch oft seltsame Formen an. Man findet die Pflanze auf Ödland, Sozialbrachen und an Straßenrändern der Mittelmeerländer und in Kleinasien, ebenso die verwandten Arten M.vernalis und M.autumnalis[218]; im

[217] Zit. nach HAUSCHILD, S.366

[218] Mit violetten Blüten.

mitteleuropäischen Raum ist sie - wenn überhaupt einmal - jedenfalls heute nicht mehr heimisch. Blütezeit ist März/April.

Herkunft und Geschichte: Die Mandragora ist eine uralte Liebes- und Rauschpflanze; sie diente zugleich als Narkotikum und nahm im Zauberwesen als Glücksbringer eine hervorgehobene Stellung ein; in späterer Zeit war hier ihre entscheidende Bedeutung. Das lag nicht zuletzt an der merkwürdigen Wurzelform, die - mit Seitenwürzelchen als Arme - wie ein nacktes menschliches Wesen aussah, halb Mensch und halb Pflanze,[219] und wo die Natur zu wünschen übrig gelassen hatte, half man kräftig mit dem Schnitzmesser nach und „frisierte" auch andere Wurzeln zur Alraune um; vornehmlich eigneten sich dazu die Wurzeln der einheimischen Pflanzen: Zaunrübe, Allermannsharnisch, Siegwurz, Enzian, Blutwurz oder einfach Futterrüben. Auch unterschied man seit dem Altertum männliche (Alraun) und weibliche (Alraune) Wurzeln. Das Wort „Alraun" bedeutet im germanischen Sprachgebrauch soviel wie: All-Geheimnis (ahd. „runa" = Geheimnis, vgl. „raunen") und taucht im Namen einer germanischen Seherin (Alruna, schon bei Tacitus erwähnt) wieder auf; es wurde später auf die aus den südlichen Ländern importierte Mandragora übertragen. Der Mandragorakult ist wohl orientalischen Ursprungs und kam durch gelehrte Magier und Händler in den Westen.

Schon im Papyrus Ebers, einer von Ebers entdeckten und aus der Zeit um 1500 v. Chr. datierten Rezeptsammlung der alten Ägypter, finden sich Angaben über eine Arznei aus Alraune. Eine im Ägyptischen Museum Berlin aufbewahrte Reliefstudie aus dem 14. Jahrh. v. Chr. zeigt das Königspaar Semenchkare und Neritaton; letztere, älteste Tochter Echnatons und Nofretetes, hält ihrem Gemahl eine Pflanze hin, in welcher man die Mandragora erkennen kann; sie wird als Heil- oder Liebespflanze Bedeutung gehabt haben. Auch das Bier, das - neben Wein - im alten Ägypten reichlich im Gebrauch war, soll mit „Dadafrüchten", den Äpfeln der Mandragora, verstärkt worden sein, um es berauschender zu machen. Eine altägyptische Göttersage berichtet über Hathor, die kuhhörnige Himmels- oder Liebesgöttin, die einst beschloß, die sündige Menschheit auszurotten. Im letzten Augenblick griff aber der Gott Re ein und machte dem Blutbad dadurch ein Ende, daß er Hathor einen Trank (Bier) reichte, der aus Gerste, Menschenblut und Dadafrüchten von der Insel Elephantine gebraut war. Die Göttin wurde darauf sehr „vergnügt; betrunken ging sie umher und erkannte die Menschen nicht mehr".[220]

In der Bibel (1. Mose 30,14-17) wird ein Kraut Dudaim („dud" hebräisch = lieben; Luther übersetzte daher: Liebesäpfel) erwähnt, das Ruben zur Zeit der Weizenernte auf dem Felde findet und das die Frauen fruchtbar macht; auch hier soll die Mandragora gemeint sein.[221] Der Grieche Theophrast beschreibt in seiner „Naturgeschichte

---

[219] Daher von Pythagoras „anthropomorphos" = menschenähnlich genannt, und von Columnella im 1. Jahrhundert nach Chr.: „semihomo" = Halbmensch

[220] FÜHNER, S. 291

[221] Auch im Hohelied Salomos werden die „Liebesäpfel" erwähnt; Duft und Genuß derselben will Schulammit und ihr Geliebter kosten, wenn sie sich ihm unter freiem Himmel hingibt (Kap. 7, Vers 14).

der Gewächse“ (um 300 v. Chr.) eine „Mandragoras“, bei welcher es sich jedoch um die Tollkirsche handeln soll; er nennt das Kraut ein Mittel zum Einschlafen und zur Bereitung von Liebestränken; man müsse es beim Graben zuerst mit dem Schwert umfahren und dabei gegen Westen blicken; alsdann müsse ein anderer in dem so gebildeten Kreise herumtanzen und „Verbalerotik“ treiben, also kräftig vom Liebeswerk erzählen. Allerdings fügt der Autor hinzu, daß er selbst nicht an diesen Hokuspokus der Wurzelgräber glaube.

Etwa 400 Jahre später unterscheidet der griechische Arzt und Botaniker Dioscurides klar die eigentliche Mandragora von der weiteren Art „Dollkraut“ (Tollkirsche; deutsche Übersetzung von 1610); er beschränkt sich darauf, die medizinische Bedeutung der Alraune darzustellen, indem er auf ihre Verwendung als Schlafmittel („In den hindern aber statt eines Zäpfflins beygebracht/ bringt er den Schlaff“), als Mittel gegen Geschwülste, Rose, Rotlauf, Podagra und Schlangenbiß hinweist, aber vor den „äpffeln“ warnt:

> *„Die äpffel geschelt vnnd für die nase gehalten vnd daran gerochen/ bringen den Schlaff. Dasselbige thut auch der Safft auß den äpffeln geprest/ aber die sich derselben zuviel gebrauchen/ es sey dann mit essen oder mit riechen verliehren jhre Sprach.“*

Bei Operationen, „wenn etwas an einem Menschen zu schneiden oder zu brennen ist“, soll ein Trank aus der Mandragora Narkosewirkung haben, bei Frauen aber „in die Schame gethan/ zeucht (er) die Monzeit vnd Frucht an sich“. Aber auch hier warnt Dioscurides vor den Trank: „wenn man desselben aber viel einnimpt/ so tödt er“. Die Bedeutung der Pflanze im Zauberglauben wird vom Autor nur gestreift, indem er den (weiteren) Namen „Circaea“ erklärt: „dasselbige von wegen der Hexen vnd Zauberin Circe, dieweil es zu den Zauberreyen der Liebe wirdt gerühmt“.- Die griechische Sage kennt eine „Aphrodite Mandragoritis“, d.h. die Göttin der Liebe und Fruchtbarkeit wird mit der Mandragora in Verbindung gebracht.

Für die weitere Bedeutung als Zauberpflanze ist eine Schilderung richtungsweisend, die der jüdische Schriftsteller in Rom, Flavius Josephus (37-100 n. Chr.), in seinem Werk „Bellum judaicum“[222] über eine Pflanze mit Namen „Baara“ gab, welche mit der Mandragora identisch ist. Deren Ernte sollte lebensgefährlich sein; daher müsse man einen Hund daran festbinden und sie durch diesen ausziehen lassen; dabei wäre der Hund dem Tode verfallen. Die so gewonnene Wurzel habe die Kraft, die Dämonen aus „Besessenen“ zu vertreiben. Wörtlich heißt es dazu:

> *„... ein Ort gnant Baaras/ daselbst wechßt auch die wurtzel Baaras/ die feurfarb ist/ vnd des abents so man zu jr geht/ thut sy gleichsam sy plützet/ laßt sich nit leichtlich außgrabe/ sunder fleücht als lang/ biß man frawen harn od frawen krankheit (Monatsblut) darauff geüßt/ vnd dannocht stirbt einer gewiß/ so er sy berürt/ er hab dañ derselben wurtzel an der hand hangen/. Man gräbt sy auch*

[222] Deutsche Übersetzung Straßburg 1544 „Vom Krieg der Juden“, Buch 7, Kap. 25

sunst einer andn meynung/ on sorg/ vñ also/ man gräbt sy ringßumb/ dz nur ein wenig in der erden hafften bleib/ dar nach bindet man ein hund dem der jn angebunden hat/ will nachlaufen/ raufft er die wurtzel leichthin auß/ vnd stirbt d hund zurstund/ als an des statt der die wurtzel graben hat/ darnach handlet man on sorg/ vñ hat diese wurtzel nur ein krafft/ darūb man sy zuerobern/ so grosse gfar besteht/ dann der Teüfel böser menschē geyst/ die in die lebendigē faren vnd sy ertödtē/ wa jnen sunst nit geholffen wirt/ treibt dise wurtzel auß/ so bald mans den krankē reycht.“

Im Mittelalter widmet sich zunächst Hildegard von Bingen (1098-1179), Klosterfrau und Botanikerin sowie erste schreibende Ärztin in der Geschichte, der Pflanze Alraune zu; sie glaubt, daß wegen ihres menschenähnlichen Aussehens bei der Wurzel der Teufel leichter in ihr Wohnung nähme als in anderen Pflanzen. Durch Wässern in „queckborn“ (Quellwasser), einen Tag und eine Nacht lang, könne man ihr das Böse austreiben, sie dann zu sich ins Bett legen und sprechen: „Herr, der du den Menschen aus Lehm gebildet hast, hier lege ich dieselbe Erde, welche jedoch niemals gesündigt hat, zu mir, damit meine sündige Erde jenen Frieden, den sie ursprünglich besaß, wiedererlange.“[223] Zur Vorbeugung gegen Unkeuschheit soll man die Alraune auf der Haut tragen; wolle man aber mit ihr zaubern, so dürfe sie vorher nicht gewässert werden.

Die Kräuterbücher des späten Mittelalters unterscheiden, auch in ihrer Bebilderung, meistens Alraun-Mann und Alraun-Frau, betonen aber, daß beide in der Wirkung gleichständen. Die medizinische Bedeutung wird überwiegend in Anlehnung an Dioscurides gesehen; man wettert jedoch gegen den Mißbrauch, der von Theriak- und Wurmkrämern, Marktschreiern, Landstreichern, Wurzelgräbern und geschäftstüchtigen Henkern - das Kraut war unter dem Galgen („Galgenmännchen“) zu finden, wo es aus dem Urin und Sperma der Gehenkten emporwuchs - in betrügerischer Absicht damit getrieben wird, indem etwa Fälschungen (die Zaunrübe mit ihrer mächtigen Wurzel wurde gern zum Nachschnitzen genommen) als echt verkauft wurden; man ließ sogar Wurzeln einheimischer Pflanzen sich in einer menschenähnlichen Hohlform auswachsen und verkaufte sie teuer als Alraune.[224] Leonhard Fuchs warnt in seinem Kräuterbuch von 1543 vor den „Landbescheißern“: „...darzu liegen (lügen) sie noch viel mehr, das man solche wurtzel muß under dem galgen graben mit ettlichen Ceremonien und Teuffels gespensten, hie ohn not zu erzelen, welches lauter lug vnd betrug ist, das hab ich hie wöllen anzeygen darmit sich ein yeglicher vor sölchen buben wisse zehüten.“[225] Auch Hieronymus Bock[226] nimmt in seinem Kräuterbuch (1551) kein Blatt vor den Mund, wenn er die betrügerischen Praktiken seiner Zeit schildert, die darin bestehen, daß

[223] Zit. nach Kronfeld, S. 43

[224] Selbst Getreidekörner wurden unter die Wurzelrinde geschoben; wenn sie keimten, sah es nach „echtem“ Bart aus.

[225] HAERKÖTTER, S. 48

[226] MARZELL, S. 16

„Bildtnussen aus der Wurtzel Brionia (Zaunrübe) geschnitten werden/ und se dieselbigen Bildtnuß in einem heißen Sandt ein zeitlang verwart werden/ verwelken sie/ überkommen also durch Kunst ein ander gestalt/ gleichsam sie also von natur gewachsen weren/ darmit werden die einfeltigen Menschen überredet."

Natürlich war auch der Kirche der Aberglauben, der mit den Alraunen getrieben wurde, ein Dorn im Auge. So erklärte der Jurist, Jesuit und Großinquisitor Martin Delrio (1551-1608) in seinem Werk „Disquisitonum magicarum" (1599):

„Als ich anno 1578 das richterliche Amt noch verwaltet, ist mir unter eines beklagten Licentiaten konfiszierten Schriften, neben einem mit wunderlichen Charakteren und Zeichen erfüllten Zauberbuch auch ein Kistchen, wie ein Totensarg geformt, zur Hand gekommen, in welchem ein alt schwarz Alraun-Männlein gelegen, mit sehr langem Haar, aber ohne Bart, welches zur Zauberei und Vermehrung des Goldes gebraucht worden. Ich habe die Arme von dem Alraun weggerissen. Die, welche das gesehen, haben gesagt, es werde mich zuhause ein großes Unglück angehen. Ich hab aber drüber gelacht und gesagt, wer sich fürchte, der könne wohl hinweggehen. Ich hab endlich das Buch, Kistchen und Alraun-Männlein ins Feuer geworfen und hiervon keinen anderen Geruch als den einer verbrannten Wurzel gerochen."[227]

Alraun-Krämer waren neben den Gauklern bekannte Erscheinungen auf den damaligen Jahrmärkten. Im Jahre 1540 wurden bei Meißen Alraune für 10 Taler pro Stück verkauft.[228] Dreißig Jahre später hängte man in Schaffhausen drei Landstreicher, weil sie gelbe Rüben für Alraune verkauft hatten. Herzog Maximilian von Bayern erließ 1611 das „Landgebott wider Aberglauben, zauberey, hexerey und andere sträffliche teuffelskünste", worin alle mit schweren Strafen bedroht werden, „die mandragoram oder alraun mit gewisser mass und weiss ausgraben, auch für sondere unnatürliche Würckung behalten und auffheben."

Doch der Aberglaube war nicht auszurotten. Noch Anfang dieses Jahrhunderts bot das Kaufhaus Wertheim in Berlin „Glücksalraune" für 2,25 Mark das Stück an; der Beipackzettel verwies auf Reichtum und Gesundheit, erwünschte Liebe, Schutz vor incubus und succubus (also vor „Teufelspartnern"), Auffinden von Schätzen und Erfolg in allen Rechtsstreitigkeiten[229], und selbst 1955 noch verkaufte eine landfahrende Zigeunerin im Raume München für 30 und 50 DM „echte Alraunwurzeln", die sich beim näheren Hinschauen allerdings als Salatpflanzen entpuppten.[230] Heute kann man Exemplare der Zauberwurzeln noch gelegentlich in Museen bewundern; in der Wiener Hofbibliothek wurden etwa die Alraune verwahrt, die der „Alchemistenkaiser" Ru-

[227] KRONFELD, S. 45
[228] HDA, Bd. 1, Sp. 318
[229] HDA, aaO.
[230] MARZELL, S. 19

dolf II (1576-1612) gesammelt und in seinem „Cimeliarchium physicum" zur Schau gestellt hatte.[231]

Brauchtum und Überlieferung: Die berühmteste aller Zauberpflanzen gilt als ausgesprochener Glücksbringer. Ein Geldbetrag verdoppelt sich, wenn man über Nacht eine Alraune dazulegt (sie kann Geld „aushecken", daher der Name „Heckemännchen„); Alraune bringen den Wohlstand ins Haus und lassen einen - unter dem rechten Arm getragen - vor Gericht jeden Prozeß gewinnen. Unfruchtbare Frauen werden schwanger, sobald man die Wurzel unter das eheliche Lager legt; dabei gibt es einen Jungen, wenn man das Alraun-Männlein nimmt (und umgekehrt).[232] Alraune stärken - wie im Altertum - die Kräfte der Liebe und erleichtern Schwangeren die Geburt; sie verhindern das Sauerwerden des Weins und die Behexung des Viehs; den Alchemisten sind sie unentbehrlich bei der Herstellung von Gold und edlen Steinen.

Im deutschen Volksglauben sind die Alraune nicht nackt, sondern in Samt und Seide gekleidet; zwar spielt der schwarze Hund nach wie vor bei der Gewinnung der Wurzel die entscheidende Rolle, doch kommt er jetzt um, weil er den fürchterlichen Schrei nicht erträgt, den der (oder: die) Alraun beim Ausgezogenwerden von sich gibt. Dieser Vorgang wird wie folgt beschrieben:[233]

> *„Wenn ein Erbdieb, der noch reiner Jüngling ist, erhängt wird und das Wasser oder den Samen fallen läßt, wächst unter dem Galgen die breitblättrige, gelbblumige Alraun. Beim Ausgraben ächzt und schreit sie so entsetzlich, daß der Grabende davon sterben muß. Man soll also freitags vor Sonnenaufgang, nachdem die Ohren mit Baumwolle oder Wachs verstopft sind, einen ganz schwarzen Hund, an dem kein weißes Härchen sei, mitnehmen, drei Kreuze über die Alraun machen und ringsherum graben, daß die Wurzel nur noch an dünnen Fasern hänge. Dann werden diese mit einer Schnur an den Schwanz des Hundes gebunden, dem Hund ein Stück Brot gezeigt und eiligst weggelaufen. Der Hund, nach dem Brote gierig, folgt und zieht die Wurzel aus, fällt aber, von ihren ächzenden Wehruf getroffen, tot hin. Hierauf wird die Wurzel aufgehoben, mit rotem Wein gewaschen, in weiße und rote Seide gewickelt, in ein Kästlein gelegt, alle Freitage gebadet und alle Neumonde mit neuem weißen Hemdlein angetan. Fragt man sie nun, so offenbart sie künftige und heimliche Dinge zu Wohlfahrt und Gedeihen, macht reich, entfernt alle Feinde, bringt der Ehe Segen, und jedes über Nacht zu ihr gelegte Geldstück findet man frühmorgens verdoppelt; doch überlade man sie nicht damit. Stirbt ihr Eigner, so erbt sie der jüngste (!) Sohn, muß aber dem Vater ein Stück Brot und Geld in seinen Sarg legen. Stirbt er vor dem Vater, so geht die Alraun auf den ältesten Sohn über, der aber seinen jüngsten Bruder ebenso mit mit Brot und Geld begraben soll."*

---

[231] KRONFELD, S. 46
[232] ENGEL, S. 95
[233] GRIMM/STROBL, S. 638

durch Atemlähmung oder Herzversagen - wobei das Bewußtsein bis zuletzt erhalten bleibt.[251]

Bemerkenswert ist, daß kleinere, therapeutisch noch verträgliche Dosen neben dem allgemeinen Hitzegefühl mit Kopf-, Augen- und Gliederschmerzen gelegentlich auch eine Empfindung des Sichvergrößerns einzelner Körperteile hervorrufen.[252] Ferner soll das Kribbeln der Haut, verbunden mit dem pelzigen Gefühl, bei Aconitingaben in Verbindung mit dem Hyoscyamin der beschriebenen Nachtschattenpflanzen im Experiment jemanden glauben lassen, ihm wüchsen Federn - also die Vorstellung erzeugen, Flügel zu bekommen und fliegen zu können.[253] Dies mag der Grund sein, warum in den alten Rezepten zur Herstellung der Flugsalben der Hexen so häufig eine Mischung von Nachtschattendrogen mit Eisenhut auftaucht, war doch die striga (als wissenschaftlicher Begriff, bis sich volkstümlich das Wort hagazussa, heghetisse oder hexe durchsetzte) immer als eulenartiger Nachtvogel im Federkleid zu denken[254], wie dies bei den nachtfahrenden tessalischen Hexen nach ihrer Salbung auch der Fall war.

Abschließend soll daher an dieser Stelle - über die Selbstversuche des Chemikers Johan Baptista von Helmont (1579-1644) mit Eisenhut wurde oben bereits berichtet - noch ein Rezept aus alter Zeit für Flugsalbe angefügt werden, welches auch wieder die Kombination Nachtschatten plus Eisenhut enthält. Es handelt sich wohl um eine Weiterentwicklung der Salbe „vngentum pharelis“ des bayrischen Hof- und Leibarztes Johann Hartliepp aus seinem „Puch aller vorpotten Kunst, unglaubens und der zauberey“ (1456). Nach dem hier gegebenen Rezept müssen für die Hexensalbe gesammelt werden

am Sonntag:	Solsequium (Wegwarte);
am Montag:	Lunaria (Mondraute);
am Dienstag (Erctag):	Verbena (Eisenkraut);
in Mittwoch:	Mercurialis (Bingelkraut);
am Donnerstag(Pfinztag):	Barba Jovis (Hauswurz);
am Freitag:	Capillus veneris (Venushaarfarn[255]).

Die Fortentwicklung daraus (oder vielleicht eine Kombination mit einem anderen Rezept) bezieht sich hinsichtlich des Sammelns auf alle Tage der Woche[256] und bestimmt:

Montag	Mondkraut (Osmunda lunaria);
Dienstag	Eisenkraut (Verbena officinalis);
Mittwoch	Godeskraut (Mercurialis perennis);
Donnerstag	Hauswurz (Sempervivum tectorum);

---

[251] GESSNER/ORZECHOWSKI, S. 83 und FROHNE/PFÄNDER, S. 208

[252] GESSNER/ORZECHOWSKI, aaO.

[253] ROTH/DAUNDERER/KORMANN, S. 6

[254] CARDANUS spricht von „hexen und vnholden (welche gemeinlich nachtfrauwen von Strige dem vnglücklichen nachtuogel also genennet) seyend...“ – Vgl. DUERR, S. 253

[255] MARZELL, S. 48 und DUERR, S. 19 und 230 – Alle sind ungiftig.

[256] H.B. SCHINDLER: Der Aberglaube des Mittelalters, Breslau 1858, S. 160. Zit. n. DUERR, S. 230

Freitag	Liebfrauenhaar (Adianthum capillusveneris);
Sonnabend	Sonnenwende (Heliotropium europaeum) und
Sonntag	Bilsenkraut (Hyoscyamus niger) nebst Tollkraut (Atropa belladonna) und Sturmhut (Aconitum camarum).

Gefleckter Schierling (Conium maculatum) und Wasserschierling (Cicuta virosa)

Äußeres Erscheinungsbild: Der gefleckte Schierling, auch Wüterich genannt, ist eine ein- oder zweijährige, bis 2,5 m hohe Pflanze mit feingerilltem, röhrigem, rotfleckigem, bereiftem Stengel und unscheinbaren weißen Doldenblüten. Die Blätter sind dreifach gefiedert und kahl, die Früchte plattgedrückt, mit längs-gekerbten Rippen. Charakteristisch ist der mausartige Geruch der Pflanze, der vom ausgeschwitzten, sich verflüchtigenden Giftstoff Coniin herrührt. Der gefleckte Schierling wächst an Wegrändern und Hecken, unter Ufergebüschen und auf Ödland Europas, Nordafrikas und Asiens und blüht Juni bis September.

Der Wasserschierling ist eine bis 1,5 m hohe krautige Sumpfpflanze mit einem quergekammerten, sellerieähnlichen Wurzelstock, hohlem kahlem Stengel und unten großen, nach oben hin kürzer gestielten und kleineren, zwei- bis dreifach gefiederten Blättern, Fiederblättchen gesägt. Die Blüten sind klein, weiß und stehen in zusammengesetzter Dolde; die Früchte sind fast kugelig bis eiförmig. Die Pflanze wächst in oder an Verlandungsgebieten von Flüssen und Teichen besonders Nord- und Mitteleuropas und blüht Juni bis August.

Herkunft und Geschichte: Schierling wird in der Antike etwa seit dem 5. Jahrhundert v. Chr. erwähnt als ein staatlich abgegebenes Selbstmordgift, zur eigenen Vollziehung der Bestrafung durch den Gifttod; prominentestes Beispiel dafür ist der Philosoph Sokrates, der 399 v. Chr. den Schierlingsbecher schluckte, weil er angeblich in Athen Gotteslästerung betrieben und die Jugend verführt hatte. Auch der athenische Feldherr Phokion wurde 318 v. Chr. zum Tode durch den Schierlingsbecher verurteilt. Oft fügte man dem Schierlingssaft Mohnsaft oder Opium bei, um den Tod leichter und schmerzloser eintreten zu lassen; mit einer Mischung der letzteren Art ließ Kaiser Nero im Jahre 55 n. Chr. den Britannicus vergiften. Wegen der häufigen Morde und Selbstmorde mit Schierling wurde in Rom durch die Lex Cornelia der Verkauf der Pflanze, die mittlerweile in Giftgärten gezogen wurde, bei Strafe verboten. Auf der Insel Kea in der Ägäis war es - antiken Schriftstellern zufolge - Brauch, daß sich alt gewordene Menschen mit Hilfe von Schierling das Leben nahmen.[257]

In der Heilkunde diente die Pflanze überwiegend zum äußerlichen Gebrauch, da sie als „zu dem tödtlichen Gifft" gehörig angesehen wurde. Für Frauen galt die Empfeh-

---

[257] Der aktive Altentod, allerdings nicht durch Vergiftung, war auch bei den Germanen bekannt; nach der Gautrekssaga stürzten sich die Altgewordenen von einer hohen Klippe in den Tod. Vgl. HASENFRATZ, S. 45

lung, ihre Brüste mit Schierlingssaft einzureiben, damit sie später nicht „welkten". Auch rieb man bei chirurgischen Eingriffen das zu entfernende Körperteil mit Schierlingssaft ein, weil der Patient dann das Schneiden nicht empfinden würde. Dioscurides, Militärarzt und Begleiter römischer Legionen auf ihren Feldzügen im 1. Jahrhundert n. Chr., beschreibt (deutsche Übersetzung von 1610) eine anti-erotische Wirkung des Krauts:

> *„Das Kraut mit seinen Zippen gestossen/ vnd wie ein Pflaster vber das Gemächt gelegt/ verhindert vnd vertreibt die vnkeuschen träume/ das Gemächt aber wird davon vnkräfftig vnd schwach. Das Kraut auch wie ein Pflaster vber die Brust der Kindbetterinnen gelegt/ dämpfft vnd trücknet die Milch. Den Mägden vbergelegt/ lest jhnen die Brüst nit wachsen. Den jungen Knaben vbergelegt macht das jhre Gemächt kein nahrung entfinden vnnd vntüchtig werden."*

Tabernaemontanus, Apotheker aus Bergzabern und Schüler von Bock, dessen Kräuterbuch von 1588 bis 1731 mehrfache Auflagen erlebte, bezieht sich (Ausgabe 1667) inhaltlich auf Dioscurides und empfiehlt im Fall einer Vergiftung, wie dieser, alten Wein, den er noch mit einem „quintlein gestossen Entzian" anreichern möchte. Bei der Empfehlung, die Milch der „Kindbetterin" zu stoppen, meldet er jedoch Bedenken an, und zu dem alten Aberglauben, die Brüste der Mädchen mit Schierlingssaft am Wachsen zu hindern, meint er schließlich: „... soll man sich darfür wol hüten/ dann es auch äusserlich gebraucht gar schädlich ist".

Brauchtum und Überlieferung: Shakespeares Drama „Macbeth" kann man entnehmen,[258] daß die „root of hemlock", die Schierlingswurzel, bei Dunkelheit gepflückt, zu den klassischen Ingridienzien des Hexengebräus gehört. Bei Hieronymus Bock, einem der „Väter der Botanik", wird berichtet, daß ein „ehrlich Weib" vom versehentlichen Kochen der Schierlingswurzel zusammen mit (eßbarem) Pasternak „doll und truken" wurde und begehrte, über sich zu steigen und zu fliegen. Wie oben gezeigt, gehörte Schierling[259] in vielen Hexensalben zum unverzichtbaren Bestandteil. Auch die Impotenz des Mannes wurde, Prozeßprotokollen zufolge, häufig von den böswilligen Hexen mit Hilfe von Schierlingssaft in die Wege geleitet, indem sie in den Schlafstuben den Penis der Männer damit einrieben und sie so zum „ehelichen Werk" „untüchtig" machten.[260] Schierling ist auch Bestandteil des Walpurgisfeuers, mit welchem Hexen vertrieben werden können. Dazu richtet man an einem Donnerstag um Mitternacht ein Bündel aus Schierling, Springwurzel, Rosmarin, Schlehdornreisern und Kienspänen und zündet es am 1. Mai (nach der Walpurgisnacht, in der „die Hexen los" sind) an, mit Händen, welche zuvor durch die Gnaden der Kirche von allen Sünden gereinigt

---

[258] Dritte Hexe im 4. Akt, 1. Szene.

[259] Meist ist in den Quellen von Schierling (schirling) die Rede, seltener von „circuta", vgl. die Autoren Agrippa (Magische Werke, zuerst 1510), Andrès de Laguna (1545), Johannes Weier (1586, zweimal: cicuta), Shakespeare („hemlock" steht für beide Arten), Jean de Nynauld (1591, „cyghuë" steht für beide Arten), M.J. Praetorius (1668) und J.C. Frommann (1675: „cicuta").

[260] HAERKÖTTER, S. 56 und H.A. HANSEN, S. 70

sind.[261] Kinder werden von der Fallsucht (Epilepsie) befreit, wenn man ihnen eine in der Johannisnacht (Nacht zum 24. Juni, dem Johannistag) unbeschrieen und stillschweigend ausgegrabene Schierlingswurzel an einem Faden um den Hals hängt.

Kröten stehen in dem Ruf, gern unter Schierlingsstauden zu hausen, damit sie deren Gift einsaugen können.

Inhaltsstoffe und Wirkungsweise: Der Hauptwirkstoff des gefleckten Schierlings ist das Piperidinalkaloid Coniin, in allen Teilen der Pflanze bis - kurz vor der Reife - zu 2% der Gesamtalkaloide und in den Früchten bis 3,5% enthalten; beim Trocknen verliert sich der Gehalt stetig.[262] Coniin lähmt die quergestreifte Muskulatur, aufsteigend von den Beinen aus, bis zum Tod durch Lähmung der Atemmuskulatur, bei vollem Bewußtsein. Klassisches Beispiel einer Coniin-Vergiftung ist die Schilderung des Gifttodes des Philosophen Sokrates durch seinen Schüler Platon in dessen Schrift „Phaidon", wo er die Giftwirkung des Schierlingsbechers wie folgt beschreibt:

> *„Als nun Sokrates den Menschen sah, sprach er: Wohl, Bester, denn du verstehst es ja, wie muß man es machen? Nichts weiter, sagte er, als wenn du getrunken hast, herumgehen, bis dir die Schenkel schwerwerden, und dann dich niederlegen, so wird es schon wirken. Damit reichte er Sokrates den Becher und dieser nahm ihn, und ganz getrost....*
>
> *Er aber ging umher, und als er merkte, daß ihm die Schenkel schwer wurden, legte er sich gerade hin auf den Rücken, denn so hatte es ihn der Mensch geheißen. Darauf berührte ihn eben dieser, der ihm das Gift gegeben hatte, von Zeit zu Zeit und untersuchte seine Füße und Schenkel. Dann drückte er ihm den Fuß stark und fragte, ob er es fühle; er sagte nein. Und darauf die Knie, und so ging er immer höher hinauf und zeigte uns, wie er erkaltete und erstarrte. Darauf berührte er ihn noch einmal und sagte, wenn ihm das bis ans Herz käme, dann würde er hin sein. Als ihm nun schon der Unterleib fast ganz kalt war, da enthüllte er sich, denn er lag verhüllt, und sagte - und das waren seine letzten Worte - o Kriton, wir sind dem Asklepios einen Hahn schuldig, entrichtet ihm den und versäumt es mir ja nicht.- Das soll geschehen, sagte Kriton, sieh aber zu, ob du noch sonst etwas zu sagen hast. Als Kriton dies fragte, antwortete er nichts mehr, sondern bald darauf zuckte er, und der Mensch deckte ihn auf; da waren seine Augen gebrochen."*

Als letale Dosis für den Menschen gilt eine Aufnahme von 0,5 bis 1 g Coniin[263], das entspricht etwa 14-28 g der Früchte. Das Gift wird leicht und schnell von den Schleimhäuten aufgenommen - selbst durch die unverletzte Haut ist eine Resorption möglich - und rasch auf alle Organe verteilt.[264] Coniin wirkt primär zentral erregend; diese Wirkung wird jedoch meist überlappt durch eine zeitig einsetzende zentrale und

---

[261] HDA Bd. 7, Spalte 1057
[262] GESSNER/ORZECHOWSKI, S. 14 und FROHNE/PFÄNDER, S. 47f.
[263] ROTH/DAUNDERER/KORMANN, S. 259 und GESSNER/ORZECHOWSKI, S. 15
[264] GESSNER/ORZECHOWSKI, S. 14

periphere motorische Lähmung. Als Zeichen der Vergiftung stellen sich nacheinander ein: Brennen im Mund, Kratzen im Hals, Lähmung der Zunge, Speichelfluß, Pupillenerweiterung, Zusammensinken und Gefühlloswerden, zuletzt aufsteigende motorische Lähmung erst der Füße und Beine, dann des Rumpfs, der Arme, dann Schluck- und Sprachlähmung. Bei guter Herztätigkeit und sehr lange erhaltenem Bewußtsein tritt der Tod nach 1/2 bis 5 Stunden durch Atemlähmung ein.

Der Wasserschierling enthält in allen Teilen, besonders reichlich im Saft der Knollenkammern (frisch: 0,2%; trocken bis 3,5%), das sehr giftige Alkaloid Cicutoxin, ein zentral angreifendes Krampfgift[265], die Giftwirkung setzt schon beim Kauen „daumengroßer" Wurzelstückchen ein; sie bleibt auch nach dem Trocknen erhalten.[266] Kennzeichnend für Vergiftungen sind zunächst Schüttelkrämpfe, die später von bewegungslosen, aber durch anhaltende Zusammenziehung der Muskeln gekennzeichnete Krämpfe abgelöst werden. Die zunächst erregende Wirkung auf das verlängerte Rückenmark wird überlagert von (mit der Dosis steigenden) Lähmungserscheinungen, insbesondere des Großhirns; der Tod tritt ein durch primär zentrale Atemlähmung. Als Vergiftungssymptome zeigen sich, meist schon innerhalb von 20 Minuten, Brennen in Mund und Rachen, Übelkeit, Gefühl der Berauschung, Verdunkelung des Gesichtsfeldes, taumelnder Gang, dann halb- bis zweiminütige Krampfanfälle, häufig unter Aufschreien und gleichzeitigem Erbrechen. Diese Anfälle wiederholen sich mit etwa 15minütigem Abstand mehrere Male, bei Verlust des Bewußtseins, maximaler Pupillenerweiterung, Verdrehung der Augen nach innen und abwärts, röchelnder oder brodelnder Atmung und Schaum vor dem Mund; sie enden bei völliger Erschöpfung durch Eintritt des Todes im Koma an Erstickung oder kurz nach einem Anfall an Atemlähmung innerhalb weniger Stunden nach der Aufnahme des Giftes.[267]

Die Verwendung des Schierlings in Hexensalben ist durch ein Gefühl des Fliegens erklärbar, das sich beim Einreiben genau abgemessener Dosen in die Haut einstellt und das experimentell nachgewiesen wurde.[268]

Taumellolch (Lolium temulentum)

Äußeres Erscheinungsbild: Der Taumellolch oder Lolch, Schwindelhafer oder das Tollkorn gehört zur Familie der Gräser, wird bis 1 m hoch, trägt auf der welligen Hauptachse eine bis 20 cm lange Ähre, deren Einzel-Ährchen deutlich abstehen und jeweils 5-9 Blüten haben; die Deckspelzen sind lang begrannt. Blätter schmal, oberseits rauh, unterseits glatt, obere Blattscheiden aufgebläht; die Samen sind länglich, braun. Bemerkenswert ist, daß an den Samen ein Pilz (Endoconidium temulentum)

[265] Dadurch unterscheidet er sich von d. zur gleichen Familie gehörenden gefleckten Schierling!
[266] ROTH/DAUNDERER/KORMANN, S. 226 und GESSNER/ORZECHOWSKI, S. 33 a.A., aber widersprüchlich FROHNE/PFÄNDER, S. 43
[267] GESSNER/ORZECHOWSKI, S. 339
[268] HAERKÖTTER, S. 56 und H.A. HANSEN, S. 70

schmarotzt, der bis zum Fruchtknoten durchdringt und nur selten fehlt.[269] Der Taumellolch blüht Juni bis August; man findet ihn als Getreideunkraut zwischen Hafer, Gerste und Lein, an Feldrändern, auf alten Wegen und Ödland. Früher trat er in feuchten Jahren oft massenhaft auf; heute steht er - vermutlich wegen allzu gründlicher Reinigung des Saatguts - auf der Roten Liste der vom Aussterben bedrohten Pflanzen.[270]

Geschichte und Überlieferung: Seit mindestens 3000 Jahren sind Vergiftungen von Mensch und Tier durch Taumellolch bekannt, ohne daß man seinem Geheimnis letztlich auf die Spur gekommen wäre; der Dichter Virgilius Maro nennt die Pflanze „lolium infelix", d.h. unglückbringender, unheilvoller Lolch. Durch Verunreinigung des Getreides, aus dem Brot und Bier hergestellt wurde, aber auch durch das Auspressen des Samens beim Lein zu Leinöl kam es häufig zu Massenvergiftungen; bei der Bierherstellung allerdings war die durch Mitvergären von Lolchsamen bei der Gerste erzielte besonders kräftige Rauschwirkung eher erwünscht.[271]

Dioscurides (deutsche Übersetzung von 1610) empfiehlt den „Durt", mit Salz, Rettich und Essig zu einen Pflaster bereitet, als Auflage bei Geschwüren und Brand, mit Schwefel und Essig bei Flechten und Räude. „Mit Taubenmist vnd Leinsamen in Wein gesotten/ vertreibt es die harte Geschwulst/ so gemeiniglich am Halß vnnd vnder den Achseln wachsen". Tabernaemontanus, ein Nachfahre der klassischen „Väter der Botanik" und Schüler von Bock, nennt (Ausgabe von 1687) den Lolch auch: Lulch, Dort oder Weizentwalch und beschreibt seine „Schädligkeit" wie folgt:

> *„Sonnst schadet der Lulchsaamen den Menschen/ so er demselben innerlich im Leibe gebrauchet/ und das Brot, das von dem Lulchmeel gebacken und geessen wird/ beschwäret das Haubt/ machet den Schwindel/ bringet einen tieffen Schlaff/ und machet den Menschen toll als wann er voll Weins und truncken wäre. Es schadet auch das Lulch den Augen/ und verfinstert das Gesicht."*

Der Kräuterbuchverfasser übernimmt viel von Dioscurides, insbesondere, was die äußerliche Anwendung durch Pflaster für die Haut betrifft; dabei nennt er selbst noch ein etwas skurriles Rezept gegen die Gicht:

> *„Lulchsamenmeel mit Rindermist in Meth oder Honigwasser gesotten/ miltert den Schmertzen des Zipperleins und der Gliedsucht/ wie ein Pflaster warm über die schmertzhafften Ort gelegt."*

Auch die Empfängnisbereitschaft der Frauen läßt sich mit Räucherungen des Krautes steigern:

> *„Wider die Unfruchtbarkeit der Weiber: Nimm Lulchsaamen und Weyrauch/ jedes gleichviel/ lege das auf glühende Kohlen/ und lasse den Dampf darvon durch ein bequemes Instrument zu dem Weibe gehen/ ehe das Weib beyschlaffet. Etliche*

---

269 GESSNER/ORZECHOWSKI, S. 17
270 ROTH/DAUNDERER/KORMANN, S. 465
271 GESSNER/ORZECHOWSKI, S. 18

nemmen Myrrhen und Saffran zu dem Lulch und Weyrauch/ und gebrauchens gleicher gestalt."

Schließlich gibt der Gelehrte aus Bergzabern noch einen Rat, wie man das vorzeitige Abfallen des Obstes im Garten verhindern könne:[272]

> *„Wie man die Bäume verwahren soll/ daß sie die Früchte nicht fallen lassen/ samle den Lulch oder Dort/ so unter dem Weitzen wächst/ die reisse mit den Wurtzeln aus/ und so sie anfahen welck zu werden/ mache einen Krantz daraus/ und gürte den um den Baum/ so behaltet er die Frücht biß zur rechten Zeitigung/ und lässet die nicht fallen."*

Inhaltsstoffe und Wirkungsweise: Die Ursache der Giftwirkung ist nicht eindeutig geklärt. Als giftiger Bestandteil gilt der Hauptwirkstoff Temulin (im Samen zu 0,06% enthalten), den man früher auf den Einfluß des parasitären Pilzes zurückführte; doch soll auch pilzfreier Lolch giftig sein.[273] Nach anderer Absicht sind weder das Temulin, noch die vorhandenen Nebenalkaloide für die Giftwirkung verantwortlich.[274] Hingegen sollen verwandte Arten, wie das englische Raygras (Lolium perenne), für das Weidevieh deshalb giftig sein, weil hier durch einen auf den Ähren parasitierenden Fadenwurm Bakterientoxine erzeugt würden.[275] Die Giftwirkung des Taumellolchs führt über Störungen der geordneten Muskelbewegungen (Taumeln) hin zur zentralen Atemlähmung mit tödlichem Ausgang; kennzeichnend sind Schwindel, Taumeln, Kopfschmerzen, Trunkenheit, Trübung des Denkvermögens, Verwirrungszustände, Sehstörungen (Verdunkelung des Gesichtsfeldes, Grünsehen), Hörstörungen (Ohrensausen, Ohrenklingeln), Sprach- und Schluckbeschwerden, Übelkeit, Erbrechen, Koliken, Schläfrigkeit bis Schlafsucht, Gliederzittern, Temperaturabfall, schließlich Koma und Tod durch Atemlähmung.[276] In den Hexensalben sorgte der Taumellolch mit dafür, daß die Schlafbereitschaft der auf visionäre und dämonische Erfahrungen fixierten „Hexen„ gefördert und die auftretenden Verwirrtheitszustände zu Rauschbildern umgesetzt wurden.[277]

---

[272] Dieser Brauch ist schon im 10. Jahrhundert bezeugt. HDA, Bd. 8 Spalte 1376
[273] GESSNER/ORZECHOWSKI, S. 18
[274] FROHNE/PFÄNDER, S. 192
[275] FROHNE/PFÄNDER, S. 192
[276] GESSNER/ORZECHOWSKI, S. 18
[277] HAERKÖTTER, S. 57

Schlußbetrachtung: Hexenkünste - Hirngespinste?

Die Frage muß mit „ja und nein“ beantwortet werden: Hirngespinste sind die Visionen und Halluzinationen, die unter dem Einfluß berauschender Drogensalben in der Einbildungskraft der Frauen entstanden, wenn sie auch als reale Erlebnisse empfunden wurden, sobald sich der Körper nach dem Wiedererwachen aus narkoseähnlicher Starre gelöst hatte. Keine Hirngespinste, sondern reale Dinge waren die kunstfertigen Salbenzubereitungen in den Schmiertöpfen der Kräuterhexen, welche für die Vermittlung der hypnogenen, psychotropen Rauschbilder verantwortlich waren. Schon aus akkadischen Keilschriftunterlagen des Zweistromlandes aus der Zeit ab 2500 v. Chr. wissen wir, daß vorwiegend Frauen sich der Zauberei widmeten und daß sie schon damals zu ihren Versammlungen auf einem „Stück Holz“, dem „Reittier der Hexe„ ritten.[278] Nach der persischen Religionslehre Zarathustras (630-533 v. Chr.) verwendeten die damaligen Zauberer nachweislich schon narkotische Stoffe (Opium, Stechapfel, Hanf, Bilsenkraut), um sich in Ekstase zu versetzen.[279] Tollkirsche, Alraune und Bilsenkraut waren unter den etwa 250 in Mesopotamien bekannten Arzneipflanzen vertreten, und Alraune und Stechapfel waren auch im alten Ägypten, wie die Rezepte auf den Papyri zeigen, schon im 16. Jahrhundert v. Chr. bekannt. Aus dem Mexiko der präkolumbischen Zeit ist bereits die „Besenstilreiterei“ und eine Form der Seelenexkursion überliefert.[280] Die Kabbala - die Geheimlehre der Juden, die mit ihren Wurzeln bis in die Zeit der babylonischen Gefangenschaft der Israeliten zurückreichen soll - kennt Begriffe wie Buhlschaft mit dem Schedin, Lycanthropie (Werwolfsglaube) und die Vorstellung eines Hexensabbats, wo bestimmte Salben und Öle eine Rolle spielten.[281] Die mit Rauschdrogen praktizierende und experimentierende Hexe des ausgehenden Mittelalters ist also keine Erfindung dieser Zeit gewesen. In der okkulten Tradition ist der Schamane, der zaubernde Medizinmann der Naturvölker, der Vorläufer der Hexen; seine Macht beruhte auf einer ekstatischen Technik der Bewußtseinserweiterung.[282] Natürliche Trancezustände braucht der Schamane in allen Kulturen, wenn er sich in die Nähe seiner Ahnen versetzt oder selbst den Willen der Gottheit verkündet; hier liegt vielleicht der Urgrund nach Berauschung durch Konsumierung von Drogen in den archaischen Gesellschaften: transzendente Bezüge aufzuhellen und teilzuhaben am Wissen und Wollen der göttlichen Macht. Daß solche mystischen Rituale visionsbegabter Priester nichts, aber rein gar nichts gemein haben mit einer Vermittlung neurochemischer Zwangsreaktionen, wie wir sie von den Rauschgiftkonsumenten der Drogen-Subkultur zur Genüge kennen, braucht nicht eigens herausgestellt zu werden.

Prophetische Reisen ins Geisterreich unter dem Einfluß stimulierender Rauschdrogen sind seit den Zeiten der Medizinmänner überliefert. Die Ekstasen der rasenden Mäna-

[278] SCHRÖDTER, S. 115
[279] KIESEWETTER, S. 432
[280] SCHRÖDTER aaO.
[281] KIESEWETTER, S. 436
[282] RUPPERT, S. 111

den des Gottes Dionysos im alten Griechenland; die entsprechenden römischen Bacchanalien, zuletzt wegen sexueller und krimineller Ausschweifungen bei Todesstrafe verboten; gewisse Joga-Praktiken in Indien oder die Ekstasen der Berserker nach altgermanischer Sage; aber auch die Liebesmahle der frühen Christen, die sich am Blute Jesu - dem Wein - berauschten, so daß Paulus mahnend seinen Finger heben mußte (Epheserbrief)[283] - sie alle haben mit den aus den weisen Frauen entstandenen fahrenden Hexen gemeinsam den Wunsch nach Erweiterung des Bewußtseins, nach Verlassen der als beengend empfundenen Körperhülle und ihrer Außenweltbezüge zugunsten eines Auflebens der inneren Welt mit Phantasien und Erinnerungen, mit traumhaften Abläufen und eigenen Wiederbegegnungen, natürlich auch mit der Gefahr, daß es mit zunehmender Rauschintensität zu einem Abbau der anerlernten Formen, seelischen Strukturen und sozialen Spielregeln kommen kann (Regression).

Heute, in unserer Gegenwart, sind die „Hexen wieder da!“, was man Presseberichten und Literaturwerken entnehmen kann[284]; immerhin wurden schon in den 80er Jahren mindestens 70 Hexenzirkel in der Bundesrepublik gezählt, und es erklärten in einer Repräsentativumfrage von September 1986 34% (!) der Befragten, daß sie an die Existenz von Menschen glaubten, die anderen Menschen etwas „anhexen“ könnten.[285] Wie diese Hexenzirkel zeigen, hat in der Gegenwart gleichzeitig auch eine Umwertung des Begriffs „Hexe“ stattgefunden: vom früheren Schimpfwort zu einem Zauber- und Bekennerwort positiven Inhalts; die selbsternannten neuen Hexen sind stolz darauf, so genannt zu werden. Die neue Bewegung verzweigt sich in viele unterschiedliche Richtungen: Da gibt es Vertreterinnen der alten Naturkulte und matriarchalischer Überlieferungen, die sich besonders von den Formen der Bewußtseinserweiterung durch Drogen, Hexensalben, heilige Pilze, Tänze, Atemtechniken usw. angezogen fühlen; da gibt es „Wiedergeborene“ der mittelalterlichen Hexenverbrennungen, die nach einer Seelenwanderung nun im Heute leben und ihre „Rehabilitierung“ anstreben, und Feministinnen, welche die Unterdrückerwelt der Männer nicht nur einholen, sondern überholen wollen, im Gefolge der großen Naturgöttin Astarte oder als Vertreterinnen des aus England stammenden Wicca-Kults[286], als Satanspriesterinnen oder als personifizierte Frauengöttinnen.[287] Dabei liefert das alte Wort für Hexe: „hagazussa“ (= Zaun (stock-) reiterin)[288] vielseitige und symbolträchtige Ausdeutbarkeit: die Hexe wird zur Grenzzaunreiterin und Gratwandlerin zwischen befriedeter Gemeinschaft und der Wüstenei ringsum, zwischen Christentum und Heidentum, zwischen Realität und Rausch[289] - wie auch die Drogensucht eine Gratwanderung zwischen Leben und Tod bedeutet („Selbstmord auf Raten“). Die Hexe fühlt sich durch

---

[283] SCHMIDBAUER/SCEIDT, S. 406 ff. und 474

[284] RUPPERT, S. 112 ff.

[285] Umfrage der Illustrierten „Stern“, vgl. DEIPENWISCH, S. 79

[286] Von engl. Wicca = weise Frau, verwandt mit: witch = Hexe, ein neuheidnischer Hexenkult, vgl. RUPPERT, S. 115 f.; BIEDERMANN, S. 119; ROBERTS, S. 453; HAUSCHILD/STASCHEN/TROSCHKE, S. 54

[287] RUPPERT, S. 112 f.

[288] Hag = Hecke, die den Kultplatz „einhegt“ und damit der Kultplatz (Hain) selbst.

[289] Dazu DUERR.

das Christentum nach draußen, in den Bereich der Wildnis abgedrängt und wird nun zurückkehren und ihr Opfer fordern.

Der heutige feministisch und magisch-okkult beeinflußte Hexenglaube ist keine heidnische, sondern eher eine para-religiöse Bewegung, die mit dem alten Hexentum der Überlieferung allenfalls den Namen gemein hat; das Streben nach Bewußtseinserweiterungen und mystischen Erfahrungen zeigt jedoch immer auch eine Krise der Religion an: Das durch magische Rituale und Ekstase zu Grenzerfahrungen und Grenzüberschreitungen aufbrechende Individuum sucht die Erlösung aus sich selbst heraus und verzichtet dabei auf religiöse Hilfestellung: Die eigen-mächtige Frau auf dem Weg zu ihrer Selbstfindung schlägt die Brücke von Gott zu Welt in sich selbst und schafft das feminine Zeitalter der Zukunft. Dies ist nicht ganz so neu, wie es zunächst aussieht: Unter dem Druck der Alltagszwänge einer übertechnisierten und entseelten Welt und getarnt als eine Art Protestbewegung regt sich in den Frauen ein natürlicher Bezug, wird eine vielleicht archetypisch verankerte Sensibilität wiederentdeckt für das Unerklärliche, Übernatürliche, wie es ähnlich die alten germanischen Seherinnen der Frühzeit vorgelebt hatten.

Literaturverzeichnis

Bächtold/Stäubli (Hrsg.): Handwörterbuch des deutschen Aberglaubens, Bd. I - X, Berlin und Leipzig 1927 - 1942; Nachauflage Berlin 1987 (zit. HDA) ▪ **Baroja, Julio Caro:** Die Hexen und ihre Welt, mit einer Einführung von Will-Erich Peuckert, Stuttgart 1987 ▪ **Biedermann, Hans:** Hexen, Graz 1974 ▪ **Deipenwisch, Hedwig:** Alte Hexen in neuen Formen, in: Neue Kultbewegungen und Weltanschauungszene, 1. Auflage, Mönchengladbach o.J. ▪ **Duerr, Hans Peter:** Können Hexen fliegen? In: Zeitschrift für Parapsychologie 1978, S. 75ff. (zit. DUERR, Können Hexen fliegen?) und **Duerr, Hans Peter**: Traumzeit, über die Grenze zwischen Wildnis und Zivilisation, Frankfurt 1984/1985 (zit. DUERR) ▪ **Edda, die**, Götterdichtung, Spruchweisheit und Heldengesänge der Germanen, Übertragung von Felix Genzmer, München 1995 ▪ **Engel, Fritz Martin:** Zauberpflanzen, Pflanzenzauber, Hannover 1978 ▪ **Ferckel, Siegbert:** Hexensalbe und ihre Wirkung, in: Kosmos, Handweiser für Naturfreunde, 50. Jahrgang 1954, S. 414f. ▪ **Frohne/Pfänder :** Giftpflanzen, 3. Aufl. Stuttgart 1987 ▪ **Führer, H.:** Solanazeen als Berauschungsmittel, in: Archiv für experimentelle Pathologie und Pharmakologie 111 (1925) S. 281ff. ▪ **Gessmann, G.W.:** Die Pflanzen im Zauberglauben, Nachdruck der Ausgabe von 1922, Den Haag o.J. ▪ **Gessner/Orzechowski:** Gift- und Arzneipflanzen von Mitteleuropa, Heidelberg 1974 ▪ **Grimm/Strobl :** Deutsche Mythologie, Wien und Leipzig 1943 ▪ **Haerkötter,** Gerd und Marlene: Hexenfurz und Teufelsdreck, Frankfurt 1990 (1986) ▪ **Hammes, Manfred :** Hexenwahn und Hexenprozesse, Frankfurt 1977 ▪ **Hansen, Harold A.:** Der Hexengarten, Goldmann-Taschenbuch, München 1987 (zit. H.A. HANSEN) ▪ **Hansen, Joseph:** Zauberwahn, Inquisition und Hexenprozeß in Mittelalter, Nachdruck der Ausgabe München 1900: Aalen 1964 (zit. HANSEN) ▪ **Hasenfratz, Hans-Peter:** Die religiöse Welt der Germanen, Freiburg 1992 ▪ **Hauschild, Thomas:** Hexen und Drogen, in: Rausch und Realität, Teil 1, Köln 1981, S. 360ff. ▪ **Hauschild/Staschen/Troschke:** Hexen, Katalog einer Wanderausstellung über Hexen (Hamburger Museum für Völkerkunde) 14. Auflage, Berlin 1987 ▪ **Horst, Georg Conrad:** Dämonomagie, 2 Bände, Frankfurt 1818 ▪ **Kiesewetter, Karl:** Die Geheimwissenschaften, 2. Auflage, Leipzig 1894 ▪ **Kronfeld, Moritz:** Donnerwurz und Mäuseaugen, Nachdruck von 1898, Berlin 1981 ▪ **Kurth, W.:** Das Phänomen des Hexenwahns, in: Physikalisch-medizinische Gesellschaft, Bd. 76, Würzburg 1968 ▪ **Marzell, Heinrich:** Zauberpflanzen, Hexentränke, Stuttgart 1963 ▪ **Montanus:** Die deutschen Volksfeste, Iserlohn 1858 ▪ **Mrsich, Wilhelm:** Erfahrungen mit Hexen und Hexensalbe, in: Mensch und Schicksal, 11. Jahrgang 1957, Nr.6, S. 1ff. ▪ **Peuckert, Will-Erich:** Hexensalben, in: Medizinischer Monatsspiegel Heft 8, Darmstadt, August 1960 ▪ **Reko, Victor A.:** Magische Gifte, 3. Auflage Stuttgart 1949 ▪ **Richter, Erwin:** Der nacherlebte Hexensabbat, in: Forschungsfragen unserer Zeit, Jahrgang 7, Lief. 3, 1960, S. 97ff. ▪ **Riedel, Ingrid:** Die weise Frau in uralt-neuen Erfahrungen, München 1995 ▪ **Roberts, Marc:** Das neue Lexikon der Esoterik, München 1995 ▪ **Roth/Daunderer/Kormannn:** Giftpflanzen, Pflanzengifte, 4. Auflage, Landsberg 1974 ▪ **Ruppert, Hans-Jürgen:** Magie und Hexenglaube heute, in: Materialdienst der ev. Zentralstelle für Weltanschauungsfragen (EZW), 50. Jahrgang 1987 H. 3 S. 57ff. und H. 4 S. 89ff. ▪ **Schenk, Gustav:** Schatten der Nacht, Nachdruck Hannover 1939, Ulm 1964 ▪ **Schmidbauer/vom Scheidt:** Handbuch der Rauschdrogen, Frankfurt 1989 (zit. SCMIDBAUER/SCHEIDT) ▪ **Schrödter, Willy:** Pflanzengeheimnisse, Eschwege 1968 ▪ **Simonis, Werner Christian:** Heilpflanzen und Mysterienpflanzen, Darmstadt 1991 ▪ **Sprenger/Institoris:** Hexenhammer (Malleus Maleficarum, Nachdruck der deutschen Übersetzung von J.W.R. Schmidt von 1906, 12. Auflage 1996 (zit. HEXENHAMMER) ▪ **Stahl, Eva:** Paracelsus. Weiße und schwarze Magie, Wien und München 1992 ▪ **Unger, F.:** Die Pflanze als Zaubermittel (Botanische Streifzüge auf dem Gebiet der Kulturgeschichte Bd. III Leipzig o.J. (1858?) ▪ **Weier, Johann:** De praestigiis daemonum (Von Teuffelsgespenst, Zauberern vnd Gifftbereytern...) Frankfurt 1586 ▪ **Weustenfeld, Wilfried:** Wildfrüchtekartei, Melsungen 1982 (zit. WEUSTENFELD); und: Zauberkräuter von A bis Z, München 1995 (zit. WEUSTENFELD: Zauberkräuter)

INDEX